SANTO AGOSTINHO

ONDE ESTÁ O MEU DEUS?

Entrevista com Santo Agostinho

Apresentação de Rafael Ruiz González.
Seleção e tradução de textos, perguntas e comentários
de Rafael Ruiz González e Henrique Elfes

3ª edição

São Paulo
2023

Copyright © 1997 Quadrante Editora

Capa
Gabriela Haeitmann

Dados Internacionais de Catalogação na Publicação (CIP)

Agostinho, Santo, Bispo de Hipona, 354-430
Onde está o meu Deus?: entrevista com Santo Agostinho / Apresentação de Rafael Ruiz González : seleção e tradução de textos, perguntas e comentários de Rafael Ruiz González e Henrique Elfes — 3ª ed. — São Paulo: Quadrante, 2023.

ISBN: 978-85-7465-578-9

1. Agostinho, Santo, Bispo de Hipona, 354-430 2. Santos cristãos 3. Vida cristã - citações, máximas, etc. 4. Vida espiritual - Igreja Católica I. Título

CDD-282.092

Índice para catálogo sistemático:
1. Santos : Igreja Católica : Vida e obra 282.092

Todos os direitos reservados a
QUADRANTE EDITORA
Rua Bernardo da Veiga, 47 - Tel.: 3873-2270
CEP 01252-020 - São Paulo - SP
www.quadrante.com.br / atendimento@quadrante.com.br

SUMÁRIO

UMA EXPLICAÇÃO 5

ENTREVISTA
  COM SANTO AGOSTINHO 13

NOTAS 125

UMA EXPLICAÇÃO

Por que uma explicação? Ora, porque não parece a coisa mais natural do mundo entrevistar uma das pessoas mais ilustres e mais consideradas do século V d.C.!

Independentemente disso, esta explicação — que não sei se convencerá a todos — tem três motivos:

O primeiro é que Agostinho é um clássico. E um clássico é alguém especial: tem o dom da atemporalidade. Os seus temas são os nossos temas; as suas preocupações, as nossas; o que diz e escreve nunca se limita ao efêmero, ao histórico-factual, ao contingente. O clássico — e Santo Agostinho, sem dúvida alguma, o é — pode escrever num passado por vezes distante, mas sempre com uma força e acuidade absolutamente atuais. Em palavras de T.S.Eliot: "Clássico é aquele que tem uma compreensão total e única do destino da Humanidade"[1].

O segundo motivo é que Agostinho é um educador. E os nossos tempos são tempos carentes de educação. Já não sabemos a quem recorrer para enxergar um pouco de luz; não sabemos mais que conduta seguir. Numa sociedade inundada de informações, falta-nos quem nos mostre quais são as informações que interessam: Quem somos? Que procuramos? Onde encontrar a felicidade? Que é a verdade?... E Agostinho sabe ensinar a resposta a cada uma dessas questões fundamentais pelo simples motivo de que ele próprio já trilhou muitos dos nossos descaminhos.

E o terceiro motivo é que me parece que a forma de entrevista é, hoje em dia, uma das maneiras mais atrativas para apresentar uma antologia. E se o entrevistado tem o peso moral, cultural e social do santo bispo de Hipona, acredito sinceramente que poucos poderão resistir ao que tem a dizer-nos.

* * *

Duas palavras para apresentá-lo a quem não o conheça.

No ano de 354 d.C., em Tagaste, vilarejo da região da Numídia, na África Proconsular romana, nascia o obscuro filho de um funcionário público "nativo" de categoria inferior: aquele a quem chamamos Santo Agostinho, pai do Ocidente cristão. Patrício, seu pai, era um "pagão não-praticante"; a mãe, Mônica, católica fervorosa. Ambos não pouparam esforços para dar-lhe uma esmerada educação, primeiro em Madaura e mais tarde em Cartago, onde cursou os estudos superiores de Retórica, disciplina que abrangia o que chamamos de Filosofia e Direito. Ali Agostinho, com pouco mais de dezoito anos, se uniu estavelmente a uma mulher e teve um filho, Adeodato, que morreria aos dezessete anos. Ali aderiu também ao maniqueísmo, uma espécie de "seita oriental".

Em 383, cansado da própria frustração, decidiu mudar-se para Roma, ainda a grande capital da inteligência; pouco depois, mas antes dos trinta anos e tendo já algumas obras filosóficas publicadas, foi nomeado Orador oficial do Imperador, em Milão — algo assim como porta-voz da presidência. Catecúmeno desde o berço, mas distante da fé, Agostinho experimentou nesses anos uma lenta evolução interior que o conduziria pouco a pouco à conversão. Na primavera de 386, deu o passo definitivo, e na noite de 25 de abril de 387 foi batizado por Ambrósio, bispo de Milão.

No ano seguinte, voltou a Tagaste; ali, e depois em Hipona, cidade de mais fôlego, estabeleceu um círculo de intelectuais dedicados ao estudo e à meditação da Sagrada Escritura, a essa busca da Verdade que sempre fora o seu sonho. Mas já em começos do ano 391, quando contava apenas trinta e sete anos, foi designado sacerdote por aclamação popular e ordenado pelo bispo Valério, a quem sucederia na sé episcopal quatro anos mais tarde. Os anos incrivelmente atarefados que se seguiram assistiram ao nascimento da quase totalidade da sua obra escrita: cerca de 400 sermões, inumeráveis epístolas, controvérsias doutrinais, e aquelas que são, no entender dos séculos posteriores, as suas obras máximas: as Confissões, *o tratado sobre* A Trindade *e* A Cidade de Deus.

Nesses anos — mais exatamente no verão de 410 — o mundo inteiro estarrece perante uma notícia trágica e inacreditável: Alarico, com um punhado de bárbaros, tinha saqueado Roma! O que nunca ninguém ousara sequer pensar, acabara por acontecer: Roma, a invencível, o centro do mundo, não existia mais. Vinte anos depois, a onda bárbara chega ao norte da África, sob a forma dos vândalos de Genserico, e põe sítio a Hipona. No dia 28 de agosto desse anos, morre Agostinho. Toda uma civilização — toda a Idade Antiga — morria com ele, e uma nova primavera despertava no horizonte da História.

* * *

Desejaria acrescentar ainda, a esta brevíssima explicação, dois comentários de ordem técnica: o primeiro, que foi necessário lançar mão de alguns recursos editoriais a fim de não quebrar excessivamente o fluxo do diálogo. São frases introdutórias aos textos — "Sim", "Com efeito", "Certamente" etc. —; o agrupamento de textos paralelos de fontes diversas e a mudança da ordem em que aparecem, para conseguir maior concisão, como se poderá verificar facilmente pelas notas; a harmonização dos tempos verbais, às vezes desconexos por causa do caráter oral da sua pregação; e um tom menos direto ("nós", "o homem") nos momentos em que Agostinho emprega o "tu" e o "vós" nas suas obras. Em contrapartida, todas as explicações que pareciam necessárias para esclarecer algum aspecto foram formuladas ou em forma de comentários do entrevistador ou nas próprias perguntas. Parece-me, desta forma, que as palavras do entrevistado se tornam mais acessíveis ao leitor moderno.

E o segundo esclarecimento é que as perguntas seguem um intuito bastante preciso: acompanhar não tanto a trajetória intelectual de Santo Agostinho ou a vastidão do seu pensamento, mas a sua vida interior antes e depois de fazer-se cristão, e principalmente extrair dos seus escritos os conselhos que ele mesmo gostaria de dar àqueles que, tal como ele, desejam alcançar a vida eterna, "a única que merece o nome de vida", no meio deste nosso mundo confuso e conturbado.

Rafael Ruiz

ENTREVISTA COM SANTO AGOSTINHO

Por volta das seis da tarde, as ruas de Hipona já começam a esvaziar-se, e consigo distinguir ao longe o suave ruído do mar.

O quarto-escritório do bispo de Hipona é austero e convida à reflexão e ao estudo. Perto dos setenta, Agostinho conserva ainda o cabelo abundante, cortado curto, encarapinhado como o de tantos africanos do Norte, mas totalmente branco. Tem os modos pausados de um homem moldado pela leitura e a reflexão, embora se perceba que por trás da suavidade palpita um temperamento intenso e apaixonado, de artista e poeta genial.

Quanto ao seu modo de falar, é todo um capítulo. A voz é grave e profunda, deliciosa.

O raciocínio é o de um filósofo acostumado ao debate público, mas a forma, a do pregador experiente que tem a preocupação de esclarecer e gravar as ideias na mente do ouvinte: repete as ideias em paralelos vivos, imprime-lhes ritmo, molda-as em imagens sugestivas, enfeixa-as em jogos de palavras e fórmulas lapidares. Às vezes, é tal a pressão da sua riqueza interior que as palavras alçam voo, exigindo do leitor que as saboreie e medite com vagar.

Peço-lhe que me perdoe por entrar sem prolegômenos em matérias íntimas, mas o senhor talvez seja a pessoa "que mais se confessou no mundo", como dizia um dos seus biógrafos, e por isso penso que não se ressentirá da pergunta. Como é possível que o senhor, um dos *top ten* do Império em matéria intelectual e um protótipo de homem bem-sucedido, tenha resolvido tornar-se cristão?

Durante os anos da minha juventude, fui ao mesmo tempo seduzido e sedutor, enganado e enganador. Umas vezes publicamente, por meio das doutrinas chamadas liberais; outras ocultamente, dando à seita secreta à qual pertencia, a dos maniqueus, o nome de "religião". Comportava-me como um soberbo na minha atividade, como um supersticioso na minha religião, e sempre como um homem vazio.

A certa altura, porém, chegou-me às mãos um livro de um certo Cícero, chamado *Hortênsio*, que mudou a minha maneira de pensar, os meus gostos e os meus sentimentos. Dei-me conta de que todas essas coisas exteriores eram vazias e inúteis, e, de uma maneira em mim inexplicável, comecei a desejar de todo o coração a verdadeira sabedoria. Motivado por esse livro, desejei ardentemente elevar-me acima das coisas terrenas e *buscar a Verdade*; sem dúvida, era Deus que, sem que eu o soubesse, me atraía para Si por meio dessa obra, porque nEle está a sabedoria.

No entanto, ao mesmo tempo continuava a sentir enormes desejos de triunfar, de ser rico, de casar-me convenientemente, e esses desejos não saciados faziam-me sofrer. Como era miserável! Deus deve ter permitido tudo isso para que deixasse de me agradar tudo o que não era Ele.

Certa vez, ao voltar de uma sessão de gala na corte, passando por uma das ruas de Milão, reparei num pobre mendigo que, despreocupado de tudo, ria feliz. E então eu chorei interiormente. Acompanhavam-me alguns amigos, e disse-lhes que o que nos fazia sofrer e nos torturava eram a nossa ambição e soberba, pois todos os nossos esforços, como esse desejo de triunfar que me atormentava, nada mais faziam senão aumentar a pesada carga da nossa infelicidade; e que era a nossa sensualidade que nos fazia arrastar esse pesado fardo de amargura, no desejo de conseguir uma felicidade que esse mendigo já conseguira, e que nós talvez não alcançássemos nunca. É possível que a alegria do mendigo não fosse a verdadeira; mas a que eu pretendia era muito mais falsa. A bebedeira do mendigo passaria naquela mesma noite; eu, porém, dormiria com a minha, e despertaria com ela, e voltaria a deitar-me e a levantar-me com ela, dia após dia...

Mais tarde, por intermédio de um certo homem, intumescido de monstruosa soberba, consegui alguns livros dos filósofos platônicos. Movido por eles a voltar-me para mim mesmo, recolhi-me no meu interior, guiado por Deus, e pude fazê-lo porque Ele foi a minha ajuda. Entrei e vi uma luz dirigida aos meus olhos interiores e acima da minha mente; não a luz que vemos habitualmente, nem sequer algo parecido, mas maior, como se brilhasse mais e com mais claridade, e tudo iluminasse com a sua magnitude; não era a luz que sempre vemos, mas uma luz diferente, muito diferente de todas. Quem conhece a verdade sabe como é essa luz; e quem sabe como é, conhece a eternidade; é o amor que a conhece. Eterna verdade, verdadeiro amor, amada eternidade! Ela é o meu Deus; por ela suspiro dia e noite, e, quando a conheci, levou-me consigo para que eu visse que existia aquilo que eu deveria ver e ainda não estava preparado para ver[2]...

Embora não compreenda cem por cento o que o senhor quer dizer, confesso que a explicação me parece bastante intelectual. Penso que, na realidade, poucas pessoas se decidem a abraçar um modo de vida tão exigente como o cristianismo só por estarem racionalmente convencidas da sua veracidade. Mas falar a respeito, até que falam bastante...

Um sorriso divertido esboça-se nos seus lábios.

Também eu, antes de decidir-me, falava muito de tudo isto, como se já fosse um especialista; mas, se não me houvesse decidido a *andar* pelo caminho da Verdade, que não está senão em Cristo nosso Salvador, não só nunca teria chegado a ser um perito, como me teria perdido. Dava-me ainda ares de sábio, inchado com a minha própria estupidez, e não retificava; pelo contrário, a minha ciência cada vez me ia envaidecendo mais. Onde estava aquele amor com que verdadeiramente se edifica, e cujo fundamento é a humildade, Cristo Jesus? Como poderiam esses livros mostrar-mo? Parece-me que, de qualquer maneira, quis Deus que com eles me deparasse antes de ler as Escrituras, para que em minha memória ficasse gravado o rastro que deixaram em mim.

Lancei-me a seguir, avidamente, sobre as veneráveis Escrituras Sagradas, ditadas pelo Espírito Santo, e preferindo sobretudo o Apóstolo Paulo; e acabaram-se para mim todas as críticas segundo as quais me parecia haver contradições na Bíblia. Compreendi a coerência dessas límpidas respostas divinas, e aprendi a alegrar-me nelas com simplicidade. E compreendi também que tudo o que de verdadeiro eu lera nos livros dos filósofos estava dito nas Escrituras, realçado ainda pela graça de Deus, para que *aquele que vê não se envaideça como se não tivesse recebido a graça de ver*.

Quanto à minha vida, porém, tudo eram dúvidas. Sabia que devia purificar o meu coração da velha levedura do pecado, e atraía-me o verdadeiro Caminho, o Salvador. Mas tinha preguiça de começar a caminhar pela sua estreita senda.

Busquei então a maneira de adquirir essa força que me tornasse apto a desfrutar de Deus. Não havia de encontrá-la senão abraçando-me ao *Mediador entre Deus e os homens, o homem Cristo Jesus, que está acima de todas as coisas, Deus bendito por todos os séculos*, que grita e diz: *Eu sou o Caminho, a Verdade e a Vida*[3].

E como conseguiu dar o passo definitivo? Devo confessar que já conheci muita gente que nunca chega a tomar a vida cristã a sério, por perceber

que isso exigiria deles o mesmo tipo de mudança de comportamento que o senhor descreve. Como não estão dispostos a consumar a ruptura com as suas rotinas de vida mais ou menos egoístas, hesitam e hesitam, às vezes anos a fio. Poderia detalhar-nos um pouco mais como foi essa "crise" para o senhor?

Sim, realmente, só Deus, e mais ninguém, sabe o que eu sofria naqueles anos. O meu coração oscilava de cá para lá conforme o vento, o tempo passava e eu ia adiando a minha conversão ao Senhor. Ia adiando o viver para Deus, mas não o morrer todos os dias na minha própria solidão... Desejava a vida feliz daqueles que têm fé, mas ao mesmo tempo tinha medo da maneira de chegar até ela, e por isso, buscava-a longe do lugar onde se achava.

Pensava que seria muito infeliz se renunciasse ao amor das mulheres, mas não pensava no remédio do amor a Deus, que cura essa enfermidade; ainda não o sabia, pois pensava que a continência se consegue com as próprias forças, e estas me faltavam. Obstinava-me de cabeça altiva contra o Senhor, e por isso as próprias coisas inferiores se rebelavam contra mim. Oprimiam-me e não me deixavam nenhum momento de descanso; nem sequer me deixavam respirar. Quando olhava para elas, lançavam-se contra mim, vindas de todos os lados, amontoadas, como em tropel. Quando pensava nelas, a imagem que projetavam sobre o meu espírito parecia defrontar-se comigo e gritar-me: "Para onde vais, desgraçado, miserável?"

Mas Deus, que *permanece eternamente e não está irritado conosco para sempre, compadece-se do que é terra e cinza*, e quis corrigir a minha deformidade. Eram as suas chamadas interiores que me aguilhoavam, para que eu me sentisse inquieto enquanto Ele não se mostrasse aos meus olhos interiores. E o meu inchaço e envaidecimento diminuíam graças ao toque secreto do seu remédio; e o olhar da minha mente, antes confuso e obscurecido, ia-se clarificando dia após dia com o forte colírio das minhas dores salutares.

Em Milão, quando estava já quase a ponto de passar das palavras às obras, levei ainda vários meses a dizer-me por dentro: "Vamos, vamos, agora, agora!" Mas... não agia. É verdade que não dava um passo para trás, mas ficava como que à beira do meu passo anterior; tomava fôlego e tentava de novo. Cada vez faltava menos, e depois menos, e já quase tocava o fim, quase o alcançava. Mas a verdade é que nem chegava até ele, nem o tocava, nem o alcançava. Podia mais em mim o mal que já se fizera hábito do que o bem a que eu não me habituara. Ia-me apavorando cada vez mais, à medida que se aproximava o momento decisivo. E se esse pavor não me fazia voltar atrás nem me afastava da meta, ainda assim mantinha-me paralisado e quedo. As coisas que me retinham eram bagatelas, vaidades de vaidades, minhas antigas amigas; puxavam-me pela minha roupa de carne e diziam-me em voz baixa: "Queres deixar-nos? Já não estaremos mais contigo, nunca, nunca? A partir de agora, nunca mais poderás fazer isto... nem aquilo?"

E que coisas, meu Deus, que coisas me sugeriam com as palavras "isto" e "aquilo"![4]

Mas, com perdão da insistência, como foi que se deu o desenlace?

Na angústia da minha indecisão, havia momentos em que puxava dos cabelos, batia na fronte, retorcia as mãos, apertava os joelhos... Não posso dizer que hesitasse sem querer; fazia-o porque queria. Mas por dentro parecia-me ser desses que querem andar e não podem, por estarem mutilados ou debilitados por alguma doença, ou por estarem atados com correntes ou impedidos de algum outro modo.

Fiz, portanto, muitos movimentos em que não coincidiam o querer e o poder; e não fiz o que desejava muito mais, quando teria podido fazê-lo, bastando para isso querer. Pois no mesmo instante em que realmente o tivesse querido, teria podido; nisto, poder é o mesmo que querer; querer já é poder, é atuar. Quando hesitava em decidir-me a servir a Deus, coisa que já me propusera havia tanto tempo, era eu quem queria, e era eu quem não queria, somente eu. Mas, como não queria totalmente nem totalmente dizia que não, lutava comigo mesmo e despedaçava-me. Esta era a luta que se travava em meu coração: eu contra mim mesmo.

A certa altura, fui ao jardim da casa em que estava hospedado. Ia como que empurrado por uma explosão afetiva e não queria que ninguém interrompesse o acalorado combate que travava comigo próprio. Queria estar a sós, até resolver de uma vez o que Deus já sabia e eu ignorava. Por fim, quando, por uma consideração profunda, arranquei do mais íntimo toda a minha miséria e a amontoei diante do meu coração, minha alma estalou numa enorme tormenta, arrastando uma chuva torrencial de lágrimas. Sentia-me ainda preso às minhas maldades passadas e gemia aos gritos: "Até quando, até quando continuarei a clamar: amanhã, amanhã!? Por que não hoje? Por que não agora mesmo, e ponho fim a todas as minhas misérias?"

Enquanto dizia isso e chorava com amaríssimo arrependimento do meu coração, ouvi subitamente uma voz da casa vizinha, não sei se de menino ou de menina, que cantarolava e repetia muitas vezes:

— Toma e lê, toma e lê.

Mudou-se-me de repente o rosto, e tentei recordar se havia algum jogo em que as crianças costumassem cantarolar algo de parecido, mas não me lembrava de ter ouvido nunca nada de semelhante. Contendo as lágrimas, levantei-me, interpretando essa voz como uma ordem divina para que abrisse as Sagradas Escrituras e lesse o que se me apresentasse. Li em silêncio o primeiro trecho em que pus os olhos. Dizia assim: *Não andeis já em comilanças e bebedeiras; nem na cama fazendo coisas impudicas; deixai já as contendas e as rixas; e revesti-vos de Nosso Senhor Jesus Cristo, e não vos ocupeis da carne e de seus desejos* (cf. Rm 13, 13-14).

Não quis ler mais. Também não era necessário, pois quando terminei de ler esse parágrafo, dissipou-se toda a escuridão das minhas dúvidas, como se uma luz fortíssima me tivesse inundado o coração... Foi desta forma que Deus me converteu a Si[5].

Sim, vê-se que Deus lhe concedeu a graça da conversão por meio de uma espécie de "abalo existencial", tal como teve de derrubar São Paulo do cavalo ou levar Teresa de Ávila a chorar diante de um "Cristo muito chagado". Mas, por outro lado, se a conversão representa um começo, uma espécie de "vida nova", depois é que são elas... Que é necessário para levar avante a vida cristã?

Queremos ver a Deus? — *Ou seja, chegar ao fim desse caminho...* Confessemo-nos primeiramente, e desse modo se abre em nós um lugar para Deus, porque *no seu lugar está a paz*. Quem não se arrepende verdadeiramente dos seus pecados, de certa forma permanece em luta contra Deus; não prepara um lugar para o verdadeiro Deus no seu coração, porque o lugar de Deus é a paz. E de que modo começamos a estar em paz com Deus? Confessando-nos a Ele.

A seguir, que faremos para unir-nos a Ele? Experimentaremos desgosto pelo que também desgosta a Deus. A Ele, desagrada-lhe a nossa vida má e, se ela continuar a agradar-nos secretamente, cedo ou tarde nos afastaremos dEle; mas se de verdade a nossa má vida nos desagrada, não hesitaremos em unir-nos uma e outra vez a Ele pela confissão. E então já começamos a tornar-nos semelhantes a Ele, porque ao menos nos desagrada o mesmo que desagrada a Deus. Comecemos a *bendizer o Senhor* por meio da confissão, e acabaremos por unir-nos a Ele por meio da paz.

Mas ainda temos diante de nós uma longa luta, não apenas contra as tentações do demônio, e sim sobretudo contra nós mesmos: contra os nossos maus hábitos, contra a nossa decrépita vida má que nos arrasta para as velhas rotinas de pecado e nos afasta da nova vida de Cristo. É-nos anunciada uma *vida nova*, mas nós somos velhos: e se a alegria da nova vida nos arrebata, o peso da velha nos curva para o chão. Assim começa a travar-se a guerra dentro de nós.

Ouçamos o que diz o Apóstolo Paulo: *Com o espírito sirvo a lei de Deus, mas com a carne a lei do pecado*. Como, *com o espírito*? Porque nos desagrada o que há de mau na nossa vida. Como, *com a carne*? Porque não faltam em nós as incitações e inclinações perversas. Mas na medida em que, no nosso espírito, nos vamos unindo a Deus, vencemos em nós o pecado que não queremos cometer.

Assim é sempre: em parte avançamos, em parte ficamos para trás. Recorramos mais vezes a Deus, levemo-nos a nós mesmos Àquele que nos eleva. Sentimo-nos abatidos pelo peso da nossa antiga decrepitude? Clamemos: *Infeliz de mim! Quem me livrará do corpo desta morte?* Quem me livrará daquilo que me causa angústia? Este meu corpo, que se corrompe, ameaça arrastar consigo a alma: quem me libertará? E a resposta é sempre a mesma: *A graça de Deus, por Jesus Cristo nosso Senhor*[6].

O problema é que, hoje em dia e mesmo entre os cristãos, há um verdadeiro pavor de falar desse tema da "guerra contra si mesmo" ou da "luta interior". As razões que se alegam são as mais variadas; muitos, por exemplo, fazem pose de amargos e desiludidos e professam que "não há mais heróis". Não consigo evitar a sensação de que, por trás dessa atitude, há pura e simplesmente medo

ao esforço que essa luta interior exige; e tenta-se justificar isso dizendo que não somos livres, que "não podemos nem mesmo querer ser bons", que temos de resignar-nos à nossa inevitável maldade, a qual atribuímos por sua vez a algum tipo de "destino" que nos livre de responsabilidades: à genética, às forças cósmicas, à educação...

Com efeito, muitos confessam a sua maldade pessoal, não *ao*, mas *contra* o próprio Senhor Deus. Quando se encontram imersos no pecado, dizem: "Foi Deus quem o quis"... E se não o dizem, muitos pensam exatamente assim; e quanto àqueles que não o pensam, que outra coisa afirmam ao dizer: "Foi o destino que me fez agir assim", ou "Foram as estrelas"? O que devemos afirmar é o contrário: "Deus me criou dotado de livre-arbítrio; se pequei, fui eu que pequei. Eu, eu, não o destino, não o acaso, não o demônio: porque essas coisas não me obrigaram a agir assim. Apenas tentaram persuadir-me, e eu consenti"[7].

Outra linha de argumentos com que se justifica a debandada pessoal diante do esforço por cumprir a lei moral é reclamar dos tempos. Escrevia recentemente um jornalista, por sinal pouco antes de morrer, citando o poeta romântico Alfred de Musset: "Nasci tarde demais, num século errado", e muita gente parece viver desse tipo de impressão. E há os que, com Shakespeare, pensam que a vida não passa de "uma história de doidos contada por um idiota". Até certo ponto, parece haver por trás desse tipo de queixas uma espécie de resignação com a pretensa impossibilidade de sermos bons nuns tempos — ou num mundo — maus.

Agostinho lança-me um olhar agudo por sobre a mesa:

"Tempos maus, tempos difíceis!", dizem os homens. Vivamos bem, e os tempos serão bons. Os tempos somos nós: tal como formos, assim serão os tempos[8].

Cala-se por um momento, como que reconsiderando, e depois retoma, rasgando uns horizontes de tirar o fôlego:

Não é por vermos a sociedade transtornada que devemos concluir que a história humana se encontra desgovernada. Embora cada homem ocupe o seu lugar num navio, por exemplo, tem sempre a impressão de que ali não há ordem — *porque não tem a visão de conjunto*. Quanto a nós, baste-nos determinar o que gostaríamos de ser — bons ou maus —, porque, conforme o que queiramos ser, o Artista divino saberá onde nos colocar.

Olhemos para um pintor: tem diante de si toda uma gama de cores, e sabe muito bem onde há de aplicar cada uma. É verdade, o pecador quis ser de cor negra; mas será que a sabedoria do Artista não encontrará um lugar para ele só por causa disso?

Quantas coisas não se fazem com a cor negra! Que primores não faz com ela um pintor!: pinta os cabelos, a barba, as sobrancelhas; já a testa, não a faz senão em tons claros... Determinemos nós apenas o que queremos ser, e não nos preocupemos com o lugar em que nos porá o infalível Artista: Ele o sabe muito bem. Não imaginemos que somos capazes de perturbar os planos de Deus só porque nos dá na veneta andarmos por caminhos torcidos; por acaso Aquele que soube criar-nos não saberá ordenar-nos? Assim, pois, não redunda senão em benefício de nós mesmos o esforço por adequar-nos à vontade de Deus.

Da mesma forma, Ele, imutável Criador e Governador de todas as coisas mutáveis, sabe muito melhor do que nós o que é oportuno para cada época, aquilo que em determinado momento deve ser dado, acrescentado, afastado, subtraído, aumentado ou diminuído para que se desenvolva e se complete — como a sinfonia de um músico genial — a *beleza total* do Universo, da qual os acontecimentos próprios de cada tempo não passam de acordes mínimos — *e talvez dissonantes na aparência*. Assim, aqueles que adoram a Deus como se deve, neste tempo que é o tempo da fé, poderão chegar depois, na eternidade, que é o tempo da visão, à contemplação da Beleza absoluta[9].

Seja como for, é muito comum que as pessoas atribuam os seus erros às circunstâncias, e pensem que a reforma pessoal deve começar pelas "estruturas", pelas coisas externas: é preciso desterrar o chocolate da dieta, proibir o cigarro, abolir o "vil metal" ou a propriedade privada... Parece-me que por trás disso se encontra o velho erro maniqueu que o senhor conheceu tão bem: eliminem-se as *coisas* que nos tornam maus, e seremos bons...

Com efeito, é um grande erro e uma grande tolice transferir para as próprias coisas das quais os homens se servem mal a maldade daquele que delas se serve mal... Se assim fosse, por que não condenam o sol, uma vez que, por sua causa, os homens se enredam em querelas injustíssimas sobre o direito de desfrutarem dele e da sua luz nos edifícios...? Não, quando erramos, não buscamos algo de mau em si, mas buscamos algo bom de uma *maneira má*; não tendemos para *naturezas más*, mas erramos ao voltar as costas ao Bem supremo na busca dos bens inferiores, contrariando a ordem natural.

Assim, a avareza não é um vício do ouro, mas do homem que ama desordenadamente o ouro e deixa de lado a integridade de caráter, que sempre se deve antepor ao ouro. A luxúria não é um vício dos corpos dotados de graça e de beleza, mas da alma que ama desordenadamente os prazeres corporais e deixa de lado a temperança, com a qual nos unimos a coisas espiritualmente mais belas e incorruptivelmente mais suaves. A vanglória não é um vício do louvor humano, mas da alma que aspira desordenadamente a ser louvada pelos homens, desprezando o testemunho da sua própria consciência. Tampouco a soberba é um vício de quem exerce o poder ou do próprio poder, mas da alma que ama desordenadamente o seu poder, desprezando a autoridade mais poderosa e mais justa — *a de Deus e, nEle, de qualquer superior legítimo*. Por isso, quem ama *desordenadamente* um bem de qualquer natureza, mesmo que chegue a consegui-lo, faz-se mau por meio desse bem, e miserável porque se priva de um bem melhor[10].

Em resumo...

Em resumo, de nada adianta buscar uma "causa eficiente" para a nossa vontade má; essa causa não é *eficiente*, mas *deficiente*. A vontade má não é uma eficiência, mas uma deficiência[11].

A fraqueza da nossa vontade, mais ainda, a sua inequívoca tendência

para desviar-se que o senhor acaba de apontar, não nos deveria levar a viver constantemente com medo de cair em pecado? Aliás, não foi essa a linha que a Igreja sempre seguiu — pelo menos segundo os seus detratores —, ao ameaçar os fiéis que pecassem com as penas do inferno? Não diz mesmo a Sagrada Escritura que *o temor é o início da sabedoria?*

O temor... Que direi do temor?

Agostinho hesita um momento: vê-se que não é um dos seus temas prediletos. Mas logo enxerga por onde enveredar e retoma:

Há dois tipos de temor. Há o *temor servil* e o *temor casto*: um é o temor de sofrer o castigo, o outro o temor de perder a justiça — *a integridade de caráter, no sentido em que Agostinho emprega a palavra; mas também, neste caso, o estado de graça*. O temor do castigo é o temor servil. Mas, de que vale temer o castigo? Este temor, até o escravo mais iníquo o tem, até o ladrão mais cruel. Não, não é grande coisa temer o castigo, mas é grande coisa amar a justiça. Portanto, quem ama a justiça não teme nada? Teme, sim, mas não tanto incorrer em castigo, como sobretudo perder a justiça.

Convençamo-nos disso, e com base nisso demo-nos conta daquilo que amamos. Qualquer um de nós ama o dinheiro; ou encontrarei alguém que não o ame? Pois bem, exatamente porque uma pessoa o ama, conseguirá compreender o que estou dizendo. Essa pessoa teme o dano. E por que teme o dano? Porque ama o dinheiro. Quanto mais o ama, mais teme perdê-lo.

Da mesma forma, se alguém ama a justiça, teme no seu coração sobretudo o dano moral: teme a perda da justiça mais do que o outro teme a perda do dinheiro. Este é o temor casto, o temor cristão, o temor que dura pelos séculos dos séculos, e que nem a caridade — *o amor a Deus* — lança fora, antes o acolhe, o abraça e o mantém junto de si como um companheiro fiel. Se ainda estamos a caminho do Senhor, a fim de chegarmos a vê-lo face a face, nesta jornada o temor casto ser-nos-á um auxiliar valioso, pois não causa perturbações interiores, mas serena e reassegura a alma. A mulher adúltera teme que o seu marido volte; a mulher casta teme que o seu marido se vá[12].

Muitos confiam, hoje, no valor da espontaneidade e da naturalidade, e consideram que tudo o que sejam mandamentos, leis, ordens, regras, constituem coerções insuportáveis, fonte de traumas, depressões e sentimentos de culpa doentios.

Na realidade, é desde a nascença que o homem anda doente, mas tem-se na conta de são. Ao receber a Lei — *a Lei moral natural, cuja formulação mais simples e perfeita continuam a ser os dez Mandamentos* — e ver-se incapaz de cumpri-la, passa a reconhecer essa doença moral e implora a intervenção do Médico; só deseja curar-se quando se dá conta da sua doença, e não chegaria nunca a conhecê-la se não percebesse que não consegue cumprir a Lei que lhe foi dada. Tendemos sempre a considerar-nos inocentes, e o orgulho desta nossa falsa inocência apenas agrava a nossa culpa. Assim, foi para domar e desmascarar essa soberba que Deus nos deu a Lei. Reparemos bem nisto: a Lei foi-nos dada não tanto para nos curar da nossa doença moral, mas para pôr às claras a nossa soberba.

Portanto, não é quem nos corrige que faz com que o pecado exista; apenas põe em evidência o mal. Aquilo que não quereríamos ver é-nos posto diante dos olhos, e o que gostaríamos tanto de esconder atrás das nossas costas é-nos pendurado do pescoço, para que nos olhemos e nos vejamos. Enquanto nos dedicamos ao mal, consideramo-nos bons, mas apenas porque não nos damos ao trabalho de olhar para nós mesmos. Repreendemos os outros e não reparamos em nós mesmos. Acusamos os

41

outros e não nos examinamos. Colocamos os outros diante dos nossos olhos e a nós próprios atrás das nossas costas. "Quando chegar a minha vez de te arguir — diz-nos o Senhor —, Eu farei o contrário: far-te-ei dar meia-volta e pôr-te-ei diante de ti próprio. Então te verás e chorarás".

Mas Deus, quando repreende, não insulta; o seu objetivo é conduzir a presunção à confusão, para curar-nos dela. Devemos ver-nos a nós em nós mesmos, e a nossa alma, que andava longe de si e, nessa mesma medida, longe de Deus, será trazida de volta para si.

Havíamos começado por reparar em nós mesmos, e agradou-nos o que vimos, e enamoramo-nos da nossa independência. Assim nos afastamos de nós mesmos e, sem querer, nos extraviamos: derramamo-nos sobre o que está fora de nós, sobre o mundo, o temporal, o terreno. E porque nos amávamos a nós mesmos com desprezo de Quem nos fez, amesquinhamo-nos, rebaixamo-nos ao amar o que vale menos ainda do que nós.

Empurrados para fora de nós, perdemo-nos; e como não sabíamos sequer avaliar com honestidade o que fazíamos, justificávamos os nossos excessos. Flutuando à deriva, tínhamos por grandes coisas a nossa altivez, os nossos caprichos, as honras, o emprego, as riquezas, e toda essa vaidade só servia para que inchássemos ainda mais.

Mas vem a repreensão, vem a correção, e se a deixamos entrar em nós, voltamos a entrar em nós mesmos — *esse entrar em si representa não tanto os badalados "sentimentos de culpa" doentios, mas o reconhecimento das nossas culpas reais, que conduz ao arrependimento e ao desejo de mudar de vida*. Escarmentados em nossa própria cabeça — *já experientes graças ao reconhecimento das nossas culpas* —, passamos a dar ouvidos Àquele a quem desprezamos quando nos considerávamos sãos; dispostos a erguer-nos, reparamos naquilo que não quisemos ver quando caímos, e prestamos atenção àquilo que não quisemos obter submetendo-nos aos Mandamentos.

A miséria que se apossou da nossa alma, que na felicidade se tinha feito negligente, acaba assim por ensinar-nos quão grande mal é afastar-se de Deus. Abrimos os olhos e refletimos sobre o nosso estado; sentimos desgosto de nós mesmos, confessamos a nossa deformidade e voltamos assim a desejar a formosura[13].

O senhor falou já várias vezes da "soberba". Que vem a ser isso, que aparentemente considera a pior das doenças morais?

Com efeito, a soberba é o que impede o homem de chegar à perfeição; não há nada que mais se oponha à perfeição — *Agostinho usa a palavra "perfeição" mais ou menos como sinônimo de "santidade" e/ou "justiça", isto é, de integridade moral da personalidade humana*. O próprio homem não teria perecido se não se tivesse ensoberbecido; porque, como diz a Escritura, *a soberba é o princípio de todo o pecado*.

A questão central é que o soberbo se empenha em fazer a *sua* vontade, ao passo que o humilde procura fazer a de Deus. É por isso que a vida cristã consiste em não cumprir a própria vontade, mas a dAquele que nos criou, tal como o fez Cristo, o mestre da perfeição, que disse: *Eu vim para cumprir, não a minha própria vontade, mas a dAquele que me enviou*[14].

E como conseguir essa virtude?

Ouvimos com frequência que o Senhor nos diz no Evangelho: *Quem não receber o reino dos céus como uma criança, não entrará nele*; e há muitas outras passagens em que recrimina a velha soberba do homem, a fim de levar-nos a renovar a vida à semelhança de um menino, por uma demonstração de singular humildade. Portanto, quando ouvimos cantar no Salmo: *Louvai, crianças, o Senhor*, não pensemos que estas palavras não se dirigem a nós por termos ultrapassado a infância, ou nos encontrarmos no esplendor da juventude, ou termos já encanecido em venerável velhice, pois a todos nós nos diz o Apóstolo: *Não sejais crianças na inteligência, mas fazei-vos párvulos na malícia, para serdes perfeitos na compreensão*. E de que malícia fala principalmente, senão da soberba?

É ela que, enchendo-nos de uma grandeza vazia, não nos permite andar pelo caminho apertado nem entrar pela *porta estreita*. A criança, em contrapartida, entra facilmente por onde é estreito, e por isso ninguém entra no reino dos céus se não se fizer pequeno. Que coisa mais detestável pode haver que a malícia da soberba, que não aceita reconhecer nem mesmo a Deus como seu superior? Lancemos fora, quebremos, pulverizemos, aniquilemos esse orgulho que opõe a sua fronte altaneira aos Mandamentos divinos e se opõe ao jugo suave do Senhor, e *louvemos*, novamente transformados em crianças, *o Senhor*[15].

A verdade é que a própria palavra "humildade" nos cheira mal, hoje em dia.

Toda a nossa humildade consiste em que nos conheçamos a nós mesmos.

Compreendo que nos custe imitar a humildade de um homem, mas temos de reparar que se trata de imitar a humildade *de Deus*. O Filho de Deus humilhou-se fazendo-se homem; mas não exige de nós que nos humilhemos fazendo-nos animais irracionais, e sim apenas que reconheçamos que somos homens e nos unamos a Ele fazendo a sua vontade.

Todos aqueles a quem desagrada a humilhação de Cristo são soberbos; não querem abaixar-se e, por isso, não se curam. "Como posso crer, dizem, num Deus encarnado, num Deus nascido de mulher, num Deus crucificado, açoitado, morto, chagado, sepultado? Longe de mim aceitar essa indecência em Deus!" O orgulhoso considera que a humildade é indigna de Deus;

e é por isso que a salvação está tão fora do seu alcance.

Busquemos não tanto pensamentos que nos subam à cabeça, mas verdades às quais o nosso coração possa subir. Onde o filósofo mundano encontra motivos para ruborizar-se, o Apóstolo Paulo encontrou um tesouro interior, e, por não ter desprezado a casca repelente, encontrou o fruto delicadíssimo: *Longe de mim gloriar-me a não ser na Cruz de nosso Senhor Jesus Cristo*.

E esse Senhor Jesus Cristo, o Verbo por Quem todas as coisas foram feitas, que nos diz a nós, doentes, para que, recobrada a vista do coração, possamos alcançá-lo pelo menos em parte? *Vinde a Mim todos os que estais atribulados e esmagados, e Eu vos aliviarei. Ponde sobre o vosso pescoço o meu jugo e aprendei de Mim, que sou manso e humilde de coração*. Que nos prega esse Mestre, o Filho de Deus, a Sabedoria de Deus? Talvez esperássemos que a Sabedoria de Deus viesse dizer-nos: "Aprendei como fiz os céus e os astros; todas as coisas estavam igualmente em mim antes de serem feitas, como também, em virtude das razões imutáveis — *das "leis do Universo", diríamos nós, leis que Deus conhece como Autor* —, até os cabelos das vossas cabeças estão contados". Pensávamos que diria isso? Pois não o fez. O que disse foi: *Sou manso e humilde de coração*.

Já vemos, portanto, o que se trata de aprender: o pequeno. Agradam-nos os cumes? Então, para sermos grandes, aprendamos o pequeno. Queremos compreender a excelsitude de Deus? Compreendamos antes a humildade de Deus. Dignemo-nos ser humildes para o nosso próprio bem, pois também Cristo se dignou ser humilde por nós. Apossemo-nos da humildade de Cristo, aprendamos a ser humildes, deixemos de ser orgulhosos. Confessemos a nossa doença e deixemo-nos guiar com paciência pelo Médico. Quando tivermos feito nossa a sua humildade, levantar-nos-emos com Ele.

Se no começo as nossas ideias forem irresolutas e vacilantes, tornar-se-ão pouco a pouco mais resistentes e claras, não porque seja Ele quem está crescendo, mas porque somos nós que melhoramos, e então nos parece que Ele nos levanta consigo. Esta é a verdade. Sejamos fiéis aos Mandamentos divinos, ponhamo-los em prática, e Deus fortalecerá o conhecimento que temos dEle. Não sejamos petulantes, antepondo, digamos, a certeza intelectual aos preceitos de Deus; seria inferiorizar-nos ao invés de fortificar-nos[16].

Pensa um momento, e a seguir conclui, com uma convicção saboreada:

Por conseguinte, quem quiser a glória, busque-a no Senhor, busque-a em Cristo crucificado. *Ubi humilitas, ibi majestas:* Onde está a humildade, aí é que está a verdadeira majestade. Onde está a fraqueza, aí está o verdadeiro poder. Onde está a morte, aí está a vida. Se queremos chegar à segunda parte, não desprezemos a primeira[17].

O senhor, em suma, propõe-nos uma fé humilde em Cristo como

único remédio para a nossa situação existencial...

Situação existencial... Estas palavras despertam em Agostinho uma reflexão profunda, da qual logo desperta para traçar, em voz grave e meditativa, um dos seus voos "panorâmicos".

Tal como uma torrente se forma com as águas da chuva abundante, e transborda, e faz ruído, e corre, e correndo completa o seu percurso, assim é a torrente da vida humana neste mundo. Os homens nascem, vivem e morrem; e, ao morrerem uns, nascem outros, e, quando estes desaparecem, outros ainda se apresentam; chegam, aparecem, desvanecem-se, não persistem. Que há aqui que se detenha? Que há que, como umas águas acumuladas pela chuva, não corra para o abismo? Assim como a torrente, formada em poucos instantes a partir das águas invernais, se dirige para o mar e deixa de existir, como não existia antes de formar-se a partir da chuva, assim o gênero humano se reúne a partir do mistério, e corre, e pela sua morte dirige-se novamente para o mistério. No meio do seu percurso, faz ruído e passa...

Mas, dessa torrente, Deus bebeu; não, não desdenhou beber dela. O seu beber dessa torrente foi nascer e morrer, pois ela é feita de nascimento e morte. Cristo bebeu: nasceu e morreu; *bebeu da corrente à beira do caminho, e saltou como um gigante para percorrer o caminho*. Quer dizer, porque *se humilhou e se fez obediente até à morte, e morte de Cruz*, por isso Deus *o levantou dentre os mortos e lhe deu um nome que está acima de todo o nome*...[18]

O problema é que, hoje em dia, muitos encontram uma enorme dificuldade em aceitar que, em Cristo, Deus tenha descido à terra; que razões teria para fazê-lo?

Também eu, em certa época, não conseguia sequer suspeitar do mistério que encerravam estas palavras: *E o Verbo se fez carne*. Somente sabia, pelas coisas que dEle se escreveram, que comera e bebera, que dormira, passeara, se alegrara, se emocionara e pregara; e que a carne pôde juntar-se ao Verbo de Deus por meio de uma alma e uma inteligência humanas. Mas que o Verbo *se fizesse carne*, isso não o entendia.

Mas depois compreendi o que diz o Apóstolo Paulo, de quem são estas palavras: *É palavra fiel e digna de todo o crédito que Jesus Cristo veio ao mundo para salvar os pecadores, dos quais o primeiro sou eu*. Cristo Senhor não teve nenhum outro motivo para vir ao mundo a não ser a salvação dos pecadores. Se eliminássemos as doenças e as feridas, já não teria razão de ser a medicina; em contrapartida, se o grande Médico desceu do céu, é porque um grande enfermo jazia em todo o orbe da terra, e esse enfermo é o gênero humano. Se o homem não se tivesse perdido, o Filho do homem não teria vindo. Porque o homem se perdeu, veio o Deus-homem, e o homem foi encontrado. O homem tinha perecido por sua livre vontade, e o Deus-homem veio acudi-lo com a sua graça libertadora.

Certamente, Cristo é aquele Poder e Sabedoria de Deus, do qual se disse: *Chega de um confim ao outro da terra com fortaleza e tudo dispõe com suavidade*. Portanto, estava já antes neste mundo, e *o mundo foi feito por Ele, e o mundo não o conheceu*. Estava aqui e veio até aqui; estava pela sua majestade divina e veio pela fraqueza humana. O gênero humano não teria alcançado a sua libertação se a Palavra de Deus não se tivesse dignado tornar-se humana. Se se chama "humano" ao homem que se mostra como homem, e sobretudo àquele que dá hospitalidade a outro homem, isto é, se se chama "humano" a quem recebe na sua casa outro homem, em que medida não o será Quem recebe o homem no seu próprio Ser?!

E qual foi a causa dessa humilhação de Deus, senão a nossa fraqueza? A fraqueza assediava-nos fortemente e sem remédio, e isso fez com que viesse até nós um Médico tão excelente. Porque, se a nossa doença pelo menos nos deixasse ir até ao médico pelos nossos próprios pés, ainda se poderia dizer que não era intolerável; mas, como nós não podíamos ir até Ele, Ele tomou a iniciativa de vir até nós[19].

Interrompe-se por uns momentos, e depois, como que esquecido da presença de mais alguém, acrescenta em voz muito baixa esta oração que lhe sai do fundo da alma:

Como louvarei o teu Amor? Quantas graças não Te deverei dar? Amaste-me de tal forma que por mim entraste no tempo, sendo Tu o Criador dos tempos; e no mundo eras menor em idade que alguns dos teus servos, Tu que és o mais antigo no mundo; fizeste-Te homem, Tu que fizeste o homem; nasceste como criatura da Mãe que havias criado; foste carregado pelas mãos que formaste; encheste os seios que Te amamentaram; e choraste, reclinado como criança balbuciante no presépio, Tu que és a Palavra sem a qual é muda toda a eloquência humana[20].

Parece-me que não há meios de compreender este mistério se não se tem fé, por mais que se queira. Poderia falar-nos um pouco dessa virtude?

A verdadeira fé é o começo de toda a vida santa, merecedora da vida eterna. Esta fé consiste em *crer naquilo que ainda não vemos*, e a sua recompensa consistirá em *ver aquilo em que agora cremos*. Para isso faz-se necessária, em certa medida, toda uma renovação e reforma da nossa razão, pela qual somos superiores aos animais; e quem poderá levá-la a cabo senão o Artesão que nos formou? Porque nós pudemos deformar a imagem de Deus em nós; mas reformá-la, não podemos. Por isso, se alguém me diz: "Quando eu entender, crerei", eu tenho de responder-lhe: "Crê, e entenderás"[21].

Hoje em dia, parece haver uma certa preferência pela "vida" como algo oposto à doutrina, ao "dogma"; seria "verdadeiro cristão" não tanto aquele que professasse os ensinamentos de Cristo, mas aquele que se dedicasse generosamente ao serviço dos outros, à participação na vida social, entendida até como ação político-partidária. Não dizia ainda há pouco certo "líder espiritual" que "é o povo que evangeliza a Igreja"?

Conta-nos a Sagrada Escritura que Abraão ofereceu a Deus o seu próprio filho para ser imolado; todos conhecemos essa história. O sacrifício de Abraão era uma "grande obra", mas apenas porque era uma obra da fé. Louvo esse edifício que é a obra, mas olho para o seu fundamento, que é a fé; louvo os frutos que são as boas obras em geral, mas devo reconhecer que nascem da fé. Se Abraão tivesse realizado o seu sacrifício sem ser por causa da fé, de nada lhe teria adiantado qualquer coisa que fizesse.

Todas as obras que os homens levam a cabo antes da fé ou sem a fé, por mais louváveis que pareçam aos outros, são inúteis em si mesmas. Parecem-me simples desperdício de forças, um correr velocíssimo fora do caminho. Ninguém tenha em conta as suas obras se não tiver fé, porque, onde não houver fé, simplesmente não haverá boas obras. Afinal, é a intenção que forja a boa obra, e é a fé que dirige a intenção. Não olhemos demais para aquilo que os homens fazem, e sim para o fim que têm em vista ao agir, isto é, para onde estendem os braços da sua intenção[22].

Poderia explicar melhor essa relação? Não me parece que tenha ficado clara.

Imaginemos um homem que conheça perfeitamente a arte de dirigir um navio, mas tenha esquecido completamente qual o porto para onde se dirigia. De que lhe serviria manejar com destreza a vela maior, mover com sagacidade o barco, tomar sempre as ondas pela proa de forma a evitar que açoitem os costados, ter tanta habilidade que fosse capaz de conduzir a embarcação por onde bem quisesse e para onde bem quisesse, se, quando lhe perguntássemos para onde vai, respondesse: "Não sei"? Ou então dissesse: "Para o porto tal-e--tal", mas, em vez de dar com o porto, corresse a toda a velocidade para os recifes? Por acaso esse marinheiro não seria tanto mais perigoso dirigindo a nau quanto mais pensasse ser hábil e eficaz, pois não faria senão conduzi-la mais rapidamente para o naufrágio? Assim é todo aquele que corre velozmente, mas fora do caminho da fé.

Não seria preferível um piloto menos habilidoso, que manejasse o leme com mais esforço e dificuldade, porém mantivesse sempre o rumo certo e devido? Da mesma forma, não será melhor um corredor mais franzino e menos sagaz, mas que percorra o caminho certo, do que aquele outro que corre desabaladamente na direção errada? O ideal, evidentemente, é que quem se encontra no caminho o percorra rapidamente; mas também é excelente o cristão que, orientado pela esperança, mesmo que de vez em quando fraqueje, não desiste nem para, mas continua a avançar, embora lentamente. Afinal de contas, mesmo que demore, sempre acabará chegando à meta[23].

O problema é que, hoje, todo o tipo de fé firme é considerado "fundamentalismo", intolerância, mentalidade estreita, fonte de querelas e incompreensões desprovidas de sentido. O senhor mesmo, talvez pela quantidade de escritos seus que começam com a palavra "contra" (*Contra os maniqueus*, *Contra os pelagianos*, *Contra os donatistas*...), foi considerado alguma vez um protótipo da "intransigência católica".

Que diria, por exemplo, a esses que o acusam, e acusam a Igreja, de intolerância?

Enquanto me olha por um momento, Agostinho sorri. Um sorriso maroto, presente mais nos cantos dos olhos do que na boca.

Que... digam contra nós o que quiserem; nós os amaremos mesmo que não queiram![24]

A seguir, lê-me em voz alta um parágrafo extraído de um desses "escritos contra":

"Que sejam duros convosco — *dirigia-se, nessa obra, aos maniqueus, seus antigos correligionários* — aqueles que não sabem com quanta fadiga se encontra a verdade e como é difícil evitar os erros; aqueles que não sabem que coisa rara e árdua é superar os fantasmas corporais com a suavidade da mente; aqueles que não sabem quanto custa curar o olho do homem interior para que consiga enxergar o seu Sol; aqueles que não sabem quantos suspiros e quantos gemidos são necessários para chegar a compreender, embora minimamente, a Deus. Enfim, que sejam duros convosco aqueles que nunca foram enganados pelos erros dos quais vos acusam. Mas eu..., eu não posso sê-lo de maneira alguma. Eu tenho de ter tanta paciência convosco quanta tiveram comigo aqueles que estavam perto de mim, quando eu seguia doutrinas falsas"[25].

É como se dissesse: como não defender com vigor as verdades da fé, precisamente porque me custaram tanto "sangue, suor e lágrimas"? E como não preocupar-me com os que não as encontram? Semelhante firmeza, impregnada de paciente compreensão com as pessoas, não está, como se vê, brigada com a caridade...

Um dos temas mais caros ao homem moderno é o da liberdade, e há quem não queira assumir a fé por enxergar nela uma restrição à sua liberdade, uma limitação das suas possibilidades.

A principal liberdade consiste em estar isento de culpas graves — *e não de restrições! Agostinho fala aqui de modo vital, não teórico. Um sensual, um avaro, um orgulhoso, um drogado não são livres*. É só quando a pessoa começa a não ter essas culpas que começa a levantar a cabeça na direção da liberdade[26].

E a graça, essa espécie de ação pela qual Deus "mete a mão" no próprio interior do homem? Uma intervenção tão íntima não aniquilaria a nossa liberdade?

Então anulamos o livre-arbítrio por meio da graça? De forma alguma. Por ela é que afiançamos o valor do livre-arbítrio! Na verdade, tal como não se anula a Lei moral por meio da fé, mas se descobre o seu verdadeiro valor, assim acontece com o livre-arbítrio e a graça. Não se observa a Lei a não ser por meio do livre-arbítrio, sim; mas se da Lei provém principalmente o *conhecimento do pecado*, como já dissemos, da graça provém a *cura da alma* do vício do pecado; e da saúde da alma, *a liberdade do livre-arbítrio*; e da liberdade do livre-arbítrio, o amor à justiça; e do amor à justiça, o cumprimento da Lei. Tal como a Lei não é anulada mas reforçada por meio da fé, porque a fé nos consegue de Deus a graça com que a observamos, da mesma forma o livre-arbítrio não é anulado, mas fortalecido por meio da graça, porque a graça cura a vontade e a vontade curada ama livremente a justiça[27].

Desculpe-me, mas se nem a Lei, nem a fé, nem a graça eliminam a liberdade, devemos ao menos reconhecer que de algum modo a tolhem. De fato, muitos cristãos parecem passar a vida inteira como que a contragosto, entre as amarras de um ou de mil deveres que, se lhes fosse possível, deixariam de lado com imenso prazer. Não há aí uma limitação à liberdade?

Quando lemos: *Ninguém vem a Mim se não for atraído pelo Pai*, não pensemos que devamos ser "atraídos" *contra* a nossa vontade. A nossa alma é atraída sobretudo pelo amor. Não devemos temer que os homens digam, a propósito dessa afirmação das Sagradas Escrituras: "Como posso crer com liberdade se sou atraído?" Respondo: não basta que sejamos atraídos a Cristo pela nossa vontade; devemos sê-lo prazerosamente. E que significa ser atraído prazerosamente? *Põe o teu prazer no Senhor, e Ele satisfará os desejos do teu coração*.

Se o poeta pôde dizer: "Cada qual é atraído pelo seu prazer"[28] — não pela necessidade, mas pelo prazer; não pela obrigação, mas pelo gozo —, com quanto maior razão poderemos dizer que se sente atraído por Cristo o homem que encontra o seu prazer na verdade, na felicidade, na santidade de vida, na vida eterna, em suma, em tudo aquilo que Cristo é para nós? Se os sentidos do corpo têm os seus prazeres, por que não deveria tê-los a alma? Mostrem-me um coração que ame, e ele compreenderá o que estou dizendo. Mostrem-me um coração anelante, um coração com fome, que se sinta peregrino e sedento neste deserto, um coração que suspire pela fonte da Pátria eterna, e ele compreenderá o que estou dizendo. Mas se aquele com quem falo tem um coração árido, certamente não me compreenderá nunca!

Mostremos a uma novilha um ramo verde, e ela será atraída. Mostremos a um menino uns doces, e ele será atraído, e correrá para onde se sente atraído. É atraído por aquilo que ama, sem sofrer nenhum tipo de constrangimento: é o seu coração que se prende voluntariamente. Ora, se estas coisas, que pertencem aos gostos e aos prazeres terrenos, exercem tamanho atrativo sobre aqueles que as amam no mesmo momento em que lhes são mostradas — porque realmente "cada qual é atraído pelo seu prazer" —, que atrativo não exercerá sobre nós Cristo quando revelado pelo Pai?[29]

E quanto aos que se queixam de que, depois de se terem empenhado já durante um certo tempo nessa luta contra as paixões por amor a Cristo, sentem as tentações com muito mais força do que antes e têm a impressão de que, em vez de melhorar, pioraram?

Sim, há até quem diga: "O mundo estava melhor antes do que agora; desde que esse Médico começou a exercitar a sua arte, só se veem aqui mais horrores". Mas isso não está certo, não nos deixemos assustar; antes que a cura começasse, não se via sangue no ponto onde agora intervém o Médico, mas a doença estava lá. Em vez de nos impressionarmos, agora que vemos o sangue, o que importa é confiar na atuação do Médico pensando na saúde que nos está trazendo.

Antes, o pecado existia, mas mantinha-se oculto. E quando se mantinha oculto? Quando não o sentíamos como inimigo.

Bastou que começássemos a esforçar-nos, e ele apareceu; enquanto o seguíamos docilmente, não percebíamos a corrente com que nos tinha atados. Em contrapartida, quando percebemos que estamos atados, vem em nosso socorro Aquele que não está atado[30].

Tenho a impressão de que, hoje como ontem, o grande obstáculo para que muitas pessoas — sejamos sinceros: muitos cristãos — abracem de verdade o cristianismo é a Cruz. Com efeito, por que a religião do amor há de ser a religião da Cruz?

Era preciso mostrar ao homem quanto Deus nos amou e o que éramos quando nos amou: "quanto", para que não desesperássemos; "o que éramos", para que não nos ensoberbecêssemos.

Gostaria de dizer ao ouvido de cada um: "A Vida eterna assumiu a morte, a Vida eterna quis morrer. Não morreu segundo o que era em Si mesma antes de morrer; morreu segundo o que tinha de comum contigo, depois de encarnada. De ti recebeu a natureza segundo a qual devia morrer por ti; e assumiu a morte para matar a tua morte. Escuta-me: és cristão, és membro de Cristo; considera bem o que és, pensa a que preço foste resgatado. Cristo quis padecer por ti. Ensinou-te a padecer, e ensinou-te padecendo Ele primeiro. Ter-lhe-iam parecido muito pouco as suas palavras, se não as tivesse acompanhado com o seu exemplo".

E como foi que nos ensinou? — *o tom agora é íntimo, dolorido*. Como foi que nos ensinou? Pendia da cruz, e nós nos assanhávamos contra Ele; estava preso à cruz por ásperos cravos, mas não perdia a mansidão. Nós nos enfurecíamos contra Ele, ladrávamos à sua volta como cães e o insultávamos enquanto permanecia pendurado. Como loucos furiosos, atormentávamos o único Médico posto no meio de nós; e no entanto, pendurado, Ele nos curava. *Pai,* dizia, *perdoa-lhes porque não sabem o que fazem*. Pedia e pendia; e não descia, porque ia transformar o seu Sangue no remédio para esses loucos furiosos...

Nós jazíamos mortos na nossa carne de pecado, e Cristo adaptou-se *à semelhança da carne de pecado*. Porque morreu quem não tinha razão para morrer; morreu o único livre dentre os mortos, porque toda a carne humana era certamente *carne de pecado*, e... como é que essa carne haveria de reviver, se Aquele que não tinha pecado não se adaptasse ao morto, vindo até nós sob *a semelhança da carne de pecado*? Senhor, Tu padeceste por nós, não por Ti, porque não tinhas culpa, e Te submeteste à pena para livrar-nos da culpa e da pena!

Em consequência, também nós devemos recapacitar e dizer: *Senhor, compadece-te de mim; cura a minha alma, porque pequei contra Ti*. Ó Senhor, dá-me sofrimentos, já que não poupaste o teu Unigênito. Ele foi atormentado sem ter pecado, e eu... Se foi retalhado Aquele que não tinha podridão, se a nossa própria Medicina não rejeitou o fogo medicinal, será razoável que nós nos revoltemos contra o Médico e Cirurgião, quer dizer, contra Aquele que nos cura do pecado através dos sofrimentos que nos permite padecer? Entreguemo-nos em cheio nas mãos do Médico, pois Ele não erra, cortando a carne sã em vez da gangrenada; Ele conhece bem o que ausculta, conhece o vício por ter criado a natureza; conhece bem o que criou e teve de assumir por causa da nossa leviandade[31].

Não faltam, porém, aqueles que sustentam que isso de "tomar a Cruz" está ultrapassado, e que tudo o que signifique aceitar e buscar o sofrimento não passa de exagero neurótico.

É preciso entender que foi o homem quem talhou para si mesmo um caminho áspero. Mas esse caminho foi percorrido primeiro por Cristo, no seu regresso para o Pai, e por isso Ele pode dizer-nos: *Tome cada um a sua cruz e siga-me*.

Que significa isto? Que, quando começarmos a segui-lo nas suas virtudes e preceitos, encontraremos muitos que quererão contradizer-nos, muitos que lançarão obstáculos no nosso caminho, e muitos outros que tentarão dissuadir-nos de continuar, e tudo isso até entre aqueles que figuram como nossos companheiros de viagem rumo a Cristo. Devemos lembrar-nos de que, como nos dizem os Evangelhos, aqueles que proibiam os cegos de clamar por Cristo eram gente que caminhava ao lado dEle.

Se queremos segui-lo, o melhor que podemos fazer é aceitar como cruzes as censuras, as coisas desagradáveis e todo o tipo de contradições; toleremos tudo, suportemos tudo, e não queiramos chegar logo ao fim. E, ao mesmo tempo, amemos o Único que não decepciona, o Único que não engana; amemo-lo porque é verdade o que promete, mesmo que não no-lo dê imediatamente e a fé ameace titubear. Resistamos, perseveremos, aguentemos, suportemos a demora: tudo isso é levar a nossa cruz.

E se de verdade somos cristãos, esperemos tribulações neste mundo, não esperemos por tempos melhores: só nos estaríamos enganando. O que o Evangelho não nos prometeu, não o prometamos a nós mesmos. Quem perseverar com espírito ardente não esfriará na sua caridade; porque dá ouvidos Àquele que não se engana nem engana ninguém, e que nos prometeu a felicidade, não aqui, e sim nEle. E assim, quando tiverem passado todas as coisas desta terra, então poderemos esperar com firmeza que reinaremos com Ele por toda a eternidade[32].

Renúncias, desapego, combate contra as paixões, sofrimentos, tribulações e cruzes... Não será por causa da insistência nesses temas que muitos consideram a "visão cristã da vida" excessivamente ascética e

dura, e dizem e escrevem que sufoca a alegria de viver?

Os homens toleram de bom grado ser cortados e queimados para evitar o sofrimento de umas dores agudas, não digo já das penas eternas, mas de uma simples ferida um pouco mais grave. Para conseguir uma aposentadoria tranquila, uma vida lânguida e incerta e de duração muito breve, o soldado — *leia-se: o trabalhador...* — suporta guerras cruéis; vive inquieto talvez durante muitos anos de trabalho, à espera unicamente de poder descansar um pouco. A que tempestades e tormentas não se expõem os mercadores — *se já não no mar, talvez em Wall Street...* —, só para conseguirem umas riquezas feitas de ar! Que calores, que frios, que precipícios e rios não enfrentam os caçadores — *esportistas, montanhistas, trekkers* —, que escassez de comida e bebida, só para capturarem uma besta e satisfazerem assim não uma necessidade, mas um capricho! Quantos incômodos de noites passadas em branco e de prazeres de que é preciso privar-se não suporta o estudante, não já para aprender a sabedoria, mas pelo dinheiro e pelas honras da vaidade, para aprender a fazer contas, a ler e a mentir com elegância!...

Em todas essas coisas, aqueles que não as amam sofrem com a dureza do que têm de padecer; e os que as amam padecem exatamente o mesmo na aparência, embora não sofram com a sua dureza. Por quê? Porque o amor torna fáceis e praticamente insignificantes todas as coisas duras e atrozes. Se, para evitar a miséria temporal, a ambição enfrenta trabalhos enormes, com quanto mais facilidade e decisão não fará a caridade o mesmo, quando se trata de evitar a miséria eterna e conseguir a paz duradoura!

Com razão diz-nos o Apóstolo Paulo, cheio de uma imensa alegria: *Os padecimentos do tempo presente não têm proporção alguma com a glória futura que se revelará em nós*. Já se vê por que dizemos que o jugo de Cristo é suave e a sua carga leve. Se a vida cristã é difícil para os poucos que enveredam por ela, torna-se fácil para os que amam a Deus. Esses caminhos que parecem duros aos que "labutam" — *aos que, kantianamente, só enxergam na vida cristã uma série de deveres a cumprir* —, são suaves para os que amam.

Por isso, a divina Providência faz com que o homem interior, *que se renova de dia para dia*, já não viva sob a Lei, mas sob a graça; libertado — *pelo modo como as cumpre* — da carga das inúmeras observâncias que constituíam um jugo pesado, mas muito conveniente para domar a sua dura cerviz — *o seu orgulho intelectual, diríamos nós* —, esse homem respira agora a facilidade de uma fé simples, de uma esperança boa e da santa caridade. Todos os incômodos impostos ao homem exterior tornam-se leves para o homem interior. Nada é tão fácil para uma vontade realmente boa como ser ela mesma, e isso basta para Deus[33].

Que dizer então dessas pessoas, até bondosas, que cifram todo o seu ideal em poupar incomodidades e sofrimentos a si e aos outros? E, quando estão investidas em responsabilidade pelos outros, por serem pais, governantes, sacerdotes, evitam acima de tudo exigir condutas custosas àqueles que lhes estão confiados?

Essas pessoas são como alguém que, para facilitar a vida dos pássaros, lhes cortasse as asas para aliviá-los do seu peso. Quanto mais peso lhes tirarem, mais presos os deixarão à terra! Porque lhe tiraram o peso, a ave já não voa; devolvam-lho, e voará até às nuvens!

Assim é também o peso de Cristo; carreguem-no os homens, não sejam preguiçosos. Não deem ouvidos aos que não querem arcar com ele; ponham-no aos ombros os que querem, e experimentarão como é leve, como é suave, como é alegre, como os arrebata para o céu, desprendendo-os da terra. Outras são as cargas que oprimem e esmagam; a de Cristo sustenta. Outra é a carga que pesa; a de Cristo é toda asas[34].

O senhor tocou já várias vezes num tema candente, o do amor. Podemos dizer que, segundo o seu modo de pensar, mais do que uma questão de cumprir umas leis morais, ou de aderir a um sistema de doutrinas, o cristianismo é questão de amor?

É evidente: o verdadeiro amor consiste em aderir à verdade para viver na justiça. Ninguém desfruta daquilo que conhece se não o ama... e ninguém persevera no cumprimento daquilo que ama senão com mais amor. Por outro lado, nenhum bem é perfeitamente conhecido se não for perfeitamente amado.

Cada um será como for o seu amor. Amamos a terra? Seremos terra. Amamos a Deus? Que vou dizer: que seremos Deus? Não ouso dizê-lo por mim mesmo, mas ouçamos a Escritura: *Eu digo: deuses sois, e todos filhos do Altíssimo*. Quando a alma vive na iniquidade, está morta. Quando, pelo contrário, se torna justa, torna-se participante de uma outra vida distinta da sua; porque, elevando-se até Deus e unindo-se a Deus pelo amor, é justificada por Ele[35].

E que significa essa "justificação"?

Quem justifica, *deifica*. Fomos constituídos deuses; mas pela graça de Quem nos adotou, não pela natureza de quem nos gerou[36].

Ora bem, no seu livro *A Cidade de Deus*, o senhor fala de dois tipos de amor opostos e irredutíveis um ao outro. Poderia dizer-nos brevemente de que se trata?

Há dois tipos de amor: o amor a Deus e o amor ao mundo. É impossível que o amor a Deus penetre onde mora o amor ao mundo. E, já que é razoável que o mais excelente ocupe o seu lugar de preferência ao menos excelente, parece-me que é necessário que o amor do mundo ceda o seu lugar ao amor de Deus. À medida que o homem esvazia o seu coração do amor mundano, este vai-se preenchendo do amor divino, e, então, a caridade, da qual não procede nenhum mal, passa a estar no seu coração.

Entendamos isto: o amor do homem é, por assim dizer, como a "mão da alma". Se a mão segura uma coisa, não consegue segurar outra; para poder aceitar algo que lhe dão, tem de largar o que segurava. Assim, se amamos exclusivamente este mundo, não podemos amar a Deus por termos a mão ocupada. Ele nos diz: "Aceita o que te ofereço", mas, se não nos dispusermos a soltar aquilo a que estamos aferrados, não poderemos receber o que nos é oferecido. Procuremos, portanto, não ter embaraçada a mão de que precisamos para segurar-nos em Deus, não ponhamos obstáculos a esse amor com o qual podemos agarrar-nos Àquele que nos criou.

Deus, propriamente, não nos proíbe de amar as coisas do mundo; o que não quer é que as amemos como se nos pudessem proporcionar a felicidade. As coisas do mundo existem para que, vendo-as, louvemos através delas o seu Criador. É o próprio Senhor quem no-las ofereceu e quem quer, além disso, dar-nos algo melhor: Ele próprio, que foi quem as fez. Por isso, não digo que não se devam amar os bens da terra, mas que devemos amá-los com moderação e na sua reta relação com o Criador, para que esse afeto não se torne uma armadilha para nós mesmos[37].

Mas esse amor a Deus não é excessivamente "extraterreno"? Afinal de contas, neste nosso mundo tão real — *carrego de propósito o acento no "real"* **—, todos precisamos dos bens da terra para viver... Ou o senhor não pensa assim?**

Com um suspiro quase imperceptível e o ar de quem tem de explicar pela milésima vez o bê-a-bá à criança:

Se Cristo nos ordena que entesouremos um bom patrimônio — *sobrenatural* — para o futuro e alcancemos a *vida verdadeira*, é porque esta vida é falsa. Todos temos obrigação de dar ouvidos a este ensinamento, sobretudo os ricos, porque, quando os pobres os veem, queixam-se e lamentam-se da própria sorte enquanto louvam e invejam a deles, desejando tornar-se iguais a eles e doendo-se de ser desiguais. E entre os louvores que dirigem aos ricos, ouve-se com frequência este: "Esses sim, são os únicos que vivem". Por causa dessas palavras, Deus *manda aos ricos deste mundo que não se comportem orgulhosamente e não ponham a sua esperança nas riquezas incertas, mas no Deus vivo, que nos dá tudo com abundância para que dele desfrutemos. Sejam ricos*; sim, mas em quê? *Em obras boas: que deem com facilidade*, pois não perdem o que dão; repartam com aqueles que não têm. E que hão de fazer com as riquezas? Entesourem para si um bom patrimônio para o futuro, a fim de alcançarem a vida verdadeira, não dando ouvidos às palavras dos aduladores mentirosos que lhes dizem que vivem e que são os únicos que vivem.

Esta vida é um sonho; estas riquezas desvanecem-se como em sonhos. Às vezes, até o mendigo que jaz por terra, tremendo de frio, dominado pelo sono sonha com tesouros, e no seu sonho desfruta deles e orgulha-se de si mesmo, a ponto de não se dignar sequer reconhecer o seu pai coberto de farrapos. Enquanto não acordar, é rico. Enquanto dorme, desfruta com falsidades, mas, quando acordar, doer-se-á da verdade. Assim o rico, à hora da morte, é semelhante ao pobre que acorda depois de ter sonhado com tesouros.

Por isso, mil vezes quereria eu exclamar: Fora, fora! Longe de nós os bens sedutores, longe as mentirosas ilusões, longe tudo aquilo que nos sussurra todos os dias: *Onde está o teu Deus?* Tudo aquilo que tivermos fora do nosso Deus não é doce. Não saberíamos que fazer das coisas que Ele nos dá, se não nos desse a Si mesmo. Tenhamos a caridade, o amor a Deus, e teremos tudo, porque de nada nos adiantará tudo o que possuirmos, se não o tivermos a Ele.

Mas então, mais uma vez, isto significa que ninguém pode possuir coisa alguma? Se pudermos, sim, é bom que renunciemos a tudo; mas, se não nos for possível, que possuamos, mas sem sermos possuídos, que sejamos senhores e não escravos das nossas riquezas. Tenhamos sempre presente esta verdade: podemos amar o mundo, desde que lhe anteponhamos Aquele por quem foi feito. Grande é o mundo, mas maior é Aquele por quem foi feito. Belo é o mundo, mas mais belo é Aquele que o fez. O mundo promete-nos prazeres corporais? Respondamos-lhe: Muito mais doce do que as tuas promessas é a doçura de Deus. Se nos promete honras e altos cargos, respondamos-lhe: Maior e mais alto é o reino de Deus. Se nos promete curiosidades e descobertas, respondamos-lhe: Só a Verdade divina permanece para sempre[38].

Muitos não querem propriamente o dinheiro, mas sobretudo algo que pensam que o dinheiro lhes proporcionará: a segurança, uma vida a salvo dos sobressaltos inesperados...

Agostinho olha-me com uma certa comiseração, e comenta laconicamente:
Tutiores vivimus si totum Deo damus. Viveremos muitíssimo mais seguros se dermos absolutamente tudo a Deus[39].
Depois de um instante, acrescenta:
Além do mais, este mundo nunca dá o que promete; é um mentiroso, um fraudador. Mesmo assim, não cessamos de esperar nas suas promessas, e que acontece com tudo o que esperamos? Assim que o conseguimos, começamos a enfastiar-nos

do alcançado e a abrigar outros desejos e a esperar por coisas novas. E quando chegam essas coisas novas, imediatamente perdem o viço. Bah! Arrimemo-nos a Deus: Ele, sim, não murcha nunca, pois nada há mais belo do que Ele. Se as coisas daqui nos enfastiam, é devido à sua instabilidade, e se são instáveis, é porque não são Deus.

Ó alma, nada pode bastar-te senão Aquele que te criou! Onde quer que ponhamos a mão, encontraremos miséria; só pode bastar-nos Quem nos fez à sua imagem. Só ali, em Deus, pode haver segurança; e só ali onde pode haver segurança, é que haverá também como que uma fartura insaciável, porque nem nos fartaremos de tal maneira que nos enfastie, nem sentiremos falta seja do que for[40].

Bem, voltando ao tema do amor a Deus, que relação tem com a vida cristã, com essa luta pela perfeição, pela santidade, de que o senhor falava antes?

É simples: uma caridade iniciante é uma justiça — *uma santidade de vida* — iniciante; uma caridade em progresso é uma justiça em progresso; uma caridade grande é uma justiça grande; uma caridade perfeita é uma justiça perfeita.

É preciso amar a justiça, mas nesse amor há graus que os que progridem devem escalar. O primeiro é não antepor à justiça nenhuma das coisas que nos agradam. Ou seja, entre todas as coisas que nos dão prazer, a justiça deve ser a principal; não se trata de que não nos agradem as outras coisas, mas que a justiça nos agrade mais, que a amemos acima de todos os prazeres e gozos, incluídos os lícitos. É o primeiro grau.

Mas é pouco que desprezemos tudo aquilo que nos agrada; desprezemos também tudo o que nos aterroriza. Desprezemos os cárceres, as correntes, os cepos, desprezemos os tormentos e a morte... *Vencer nestes pontos é encontrar-me a Mim*, diz-nos o Senhor. Cheios de amor, de fogo e de fervor, pisemos tudo o que nos agrada, e passemos; cheguemos às asperezas, aos tormentos, às crueldades e ameaças: pisoteemo-las, quebremo-las, e passemos. Amar, avançar, morrer para si mesmo, chegar a Deus![41]

Interrompe-se, um pouco confundido com o seu próprio arrebatamento juvenil. Em tom mais calmo, continua:

O Apóstolo Paulo, querendo contrapor às obras da carne os frutos do Espírito, põe como base a caridade: *O fruto do espírito é a caridade*, e apresenta todos os outros frutos como derivados da caridade e estreitamente ligados a ela, como *a alegria, a paz, a longanimidade, a benignidade, a bondade, a fidelidade, a mansidão, a temperança*. Com efeito, como pode haver uma alegria bem ordenada se não se ama o bem do qual se desfruta? Como se pode estar verdadeiramente em paz senão com quem verdadeiramente se ama? Quem pode ser longânime, permanecer perseverantemente no bem, senão aquele que ama fervorosamente? Como pode dizer-se benigno quem não ama aquele que o socorre? Quem é bom, senão aquele que se torna bom amando? Quem pode crer de forma que se salve, senão por meio da *fé que age mediante a caridade?* De que nos serviria sermos mansos, se a mansidão não fosse inspirada pelo amor? E como poderá alguém ser continente naquilo que o contamina, se não ama Aquele que o enobrece? É, pois, com razão que o bom Mestre insiste tanto no amor, considerando suficiente este único preceito. Sem amor, todo o resto não serve para nada, ao passo que o amor não pode ser concebido sem as outras qualidades graças às quais o homem se torna bom[42].

Como encaixa nessa ótica do amor o tema das "virtudes do caráter" que nos dizem que devemos cultivar?

A virtude não é outra coisa senão o amor do bem que devemos amar: escolher esse bem é prudência, não deixar que nenhum obstáculo nos afaste dele é fortaleza, que nenhuma sedução nos engane é temperança, que nenhum sentimento de soberba nos escravize é justiça. Por isso, uma definição breve e acertada da virtude parece-me ser esta: a virtude é a *ordo amoris*, a ordem do amor, o amor ordenado[43].

Amor ordenado... Bem, nesta matéria de amar a Deus, tenho às vezes a impressão de ouvir uma espécie de coro permanente: "Cuidado, meu jovem. Isso de religião está muito bem, mas nada de exageros. Cuidado para não se tornar um fanático. Cuidado, não vá perder a cabeça... Cuidado... Cuidado..." Nesta matéria, onde está o "basta", como saber se já se chegou "no ponto"?

No amor a Deus não há nenhuma medida, porque neste caso a única medida é amar sem medida. Não precisamos nunca ter a preocupação de amar de mais, mas apenas ter medo de amar de menos.

Àquele que se detém e se pergunta: "Que faço? Para onde estou indo?", quereria gritar-lhe: "É preciso que te desagrade sempre o que és, para que consigas chegar ao que não és, pois onde te sentires à vontade, ali paraste. Se pensares: «Já basta», morreste. Acrescenta sempre mais alguma coisa, caminha sempre, progride sempre; não queiras deter-te no caminho, não queiras voltar atrás, não queiras desviar-te. *Totum exigit te qui fecit te:* Aquele que te fez exige-te por inteiro"[44].

Diante de semelhante exigência — e, por sinal, parece-me que foi o senhor mesmo quem escreveu que só é amor verdadeiro aquele que está inteiramente desprovido de qualquer interesse pessoal, ou seja, é um amor sem retorno —, diante de tanta exigência, dessa perspectiva de uma entrega sem recompensa, a gente se

sente tentado a perguntar com São Pedro: mas então... que será de nós?

Como? Então não teremos recompensa por termos servido a Deus? Certamente que a teremos: será o próprio Deus a quem adoramos. Ele mesmo será a nossa recompensa, quando o virmos tal como é.

Vejamos como nos é garantida essa recompensa. Que diz o nosso Senhor Jesus àqueles que o amam? *Quem me ama guarda os meus mandamentos, e quem me ama será amado por meu Pai e Eu mesmo o amarei*. E que coisa, Senhor, Tu lhe darás? *Mostrar-me-ei a ele!* Se não amamos, esta promessa diz-nos pouco; mas se amamos, se suspiramos, se adoramos gratuitamente Aquele por quem fomos resgatados gratuitamente, se a lembrança dos benefícios que Ele nos concedeu nos faz suspirar e deixa o nosso coração inquieto com o desejo de possuí-lo..., então, não busquemos nada mais além dEle mesmo. Ele nos basta.

Por mais ambiciosos que sejamos, Deus nos basta. Na nossa ambição, não desejaríamos possuir toda a terra? Pois acrescentemos, se quisermos, também o céu. Mais, muito mais do que tudo isso, é Aquele que fez o céu e a terra[45].

Acho que avançamos bastante no tema, mas penso que faltou uma questão central para esclarecer o seu pensamento. Que é, para o senhor, a felicidade, essa questão tão controvertida?

Todo o homem, seja ele quem for, deseja ser feliz. Não há no mundo quem não o deseje, nem quem não o deseje acima de todas as outras coisas. Mais ainda: qualquer outra coisa que o homem deseje, deseja-a com o olhar posto na felicidade.

Mas, como os homens são afetados por diferentes paixões, um ambiciona isto, outro aquilo. Acontece como na própria sociedade, onde há diversos estilos de vida, e dentre essa multidão de estados e profissões, cada qual escolhe e se apodera de um; no entanto, não há um homem sequer que, tendo escolhido um estilo de vida determinado, não o tenha feito procurando ser feliz. Portanto, a comum aspiração de todos é viver uma vida feliz; mas precisamente quando se quer determinar o modo como se chega a essa vida, a forma de buscá-la ou o caminho pelo qual encontrá-la, é que surge a controvérsia.

É por isso que, se nos empenharmos em encontrar a felicidade nesta terra, não sei se conseguiremos encontrá-la. Não o digo porque seja algo de ruim o que buscamos, mas porque me parece que nos dedicaríamos a procurá-la onde não existe. Porque, afinal de contas, o que é essa felicidade que tantos procuram e que ninguém possui?

Procuremos formular, pois, se nos for possível, uma definição da felicidade à qual todos respondam: "Sim, isto é o que eu quero". Uma vez que não há ninguém que, se for perguntado a respeito da felicidade, diga que não a quer, investiguemos em que consiste isso que quer.

Assim, em primeiro lugar, todos trazemos gravado no fundo da nossa natureza o querer viver e o não querer morrer. Se eu perguntar a alguém: "O senhor gostaria de ter saúde?", penso que ninguém me responderá: "Não, obrigado, não quero", porque ninguém gosta de estar doente. A saúde é, certamente, o bem mais precioso do rico e, talvez, o único patrimônio do pobre. Portanto, nestas duas coisas, a vida e a saúde, vejo que todos estão de acordo comigo.

Mas, se a saúde e a vida hão de acabar um dia, então já não se pode falar nem em saúde nem em vida. A perspectiva já não é viver para sempre, mas apenas temer sem interrupção. E esse temor contínuo é uma tortura que não acaba. E se é, como na realidade o é, um padecer sempiterno, onde estará então a felicidade?

Podemos, pois, admitir com toda a segurança que a vida não pode ser feliz se não for eterna; mais ainda, que só a vida eterna é feliz. Se a vida não for eterna e dotada de plenitude perpétua, então não merece chamar-se nem feliz, nem vida.

Quando tivermos chegado a possuir essa vida — que necessidade tenho de acrescentar ainda "eterna" ou "feliz"; a vida sem mais, uma vez que só ela é vida —, quando tivermos chegado à vida, teremos então a certeza de permanecer nela para sempre. Porque, se também ali encontrássemos a incerteza de saber se durará ou não, também ali haveria temor, e onde há temor há tormento; tormento não do corpo, mas do coração, que é muito pior. E onde há tormento, como seria possível a felicidade? Por conseguinte, só teremos a segurança de permanecer para sempre naquela vida que não conhece ocaso quando nos encontrarmos num reino grande e eterno; grande e eterno, precisamente por ser justo e bom.

Ali ninguém enganará e ninguém será enganado. Ali não haverá motivo para suspeitarmos uns dos outros. Com efeito, a maior parte dos males do gênero humano não procedem senão de suspeitas infundadas. Pensamos que nos odeia um homem que talvez nos queira bem, e por essa tola suspeita convertemo-nos no pior inimigo daquele que poderia ter sido o nosso melhor amigo. E que pode fazer aquele em quem não confiamos, uma vez que lhe é impossível mostrar-nos o seu coração? Por mais que nos diga: "Quero o teu bem", como pensamos que pode estar mentindo — pois aquele que mente e aquele que diz a verdade empregam exatamente as mesmas palavras —, não lhe damos crédito, e assim o odiamos.

Se um homem de plena confiança nos dissesse, do modo que bem entendesse e por meio de quem quisesse: "Daqui para a frente, podeis viver tranquilos; abundareis em todas as coisas, nenhum de vós voltará a morrer, ninguém mais ficará doente. Fiz desaparecer a morte do gênero humano", uma vez que tivéssemos plena certeza disso, exultaríamos de alegria e já não buscaríamos mais nada.

Mas, se escutássemos palavras como essas, imediatamente desejaríamos apenas uma coisa mais: que pudéssemos ver mutuamente os corações e já não houvesse inveja, para que a nossa visão não fosse turvada pela suspeita humana, mas apoiada pela verdade divina. Assim, pois, para sermos felizes, quereríamos que à *vida* se acrescentasse a *verdade*, o conhecimento mútuo dos corações e a ausência de suspeitas, e desse modo teríamos a certeza de não perder já nunca essa vida eterna. Acrescentemos, pois, à vida a verdade, e teremos a definição de felicidade[46].

Ouvindo a sua explicação, sem dúvida, não há forma de não concordar com o senhor. Mas, paradoxalmente, nem todos parecem querer chegar lá...

Todos, quer sejam bons, quer sejam maus, buscam a vida feliz e eterna. Mas, se procuramos esse Bem sumo, é lógico que devamos ser nós mesmos bons para adequar-nos a ele: *Se queres chegar à vida, guarda os mandamentos.* Precisamos pôr-nos de acordo conosco mesmos: se não queremos ser enganados, não enganemos; não façamos o que não quisermos sofrer. Queremos chegar à vida em que não há engano? (E quem não o quer?) Não fujamos, então, ao esforço com que é necessário merecê-la. O homem verdadeiro terá a verdade como recompensa, e aquele que vive bem no tempo será recompensado com a eternidade[47].

É... Mas na vida prática, é muito fácil perder de vista esse fim.

É por isso que Deus mistura o bem-estar e a felicidade terrena com amarguras: para que busquemos a outra felicidade cuja suavidade não engana. E pensar que é nessas amarguras que o mundo se apoia para afastar-nos do fim para o qual tendemos e fazer-nos olhar para trás. E quantas coisas não nos diz! Quanto barulho faz às nossas costas para que voltemos a vista atrás, isto é, para que ponhamos a nossa esperança no presente — embora eu não devesse ter empregado esta palavra, porque não é presente o que não permanece —, para que afastemos o nosso olhar das promessas de Cristo!

Nós, por que estremecemos? A promessa de Deus e de Cristo não consiste em que não há de perecer este mundo. Ele, que é eterno, prometeu coisas eternas; e se creio nEle, de mortal me converterei em eterno. Por que me gritas, ó mundo imundo? Por que fazes tanto ruído? Por que queres afastar-me do meu Deus? Queres prender-me, quando tu mesmo estás morrendo? Que farias então, se durasses para sempre? A quem não enganarias se de verdade fosses doce, pois, sendo amargo, enganas tão bem o paladar? Não! Quer o mundo seja feliz, quer se afunde, eu *bendirei o Senhor* que fez o mundo. Sim, sem dúvida eu o bendirei, quer as coisas me corram bem segundo a carne, quer corram mal.

No entanto, quando as tentações se precipitam sobre o mundo como uma chuva de enxofre, não deveremos temer que se repita conosco a experiência da mulher de Lot? Ela olhou para trás, e ali mesmo ficou convertida em estátua de sal. Responde-nos o Apóstolo Paulo: *É na esperança que fomos salvos. A esperança que se vê não é esperança, pois aquilo que se vê não se espera.*

Neste mundo, a vida eterna foi-nos dada, por assim dizer, no ovo; vemos o ovo, mas ainda não vemos o pintainho. Está envolvido pela casca; não o vemos por estar encoberto. Devemos esperar com paciência e dar-lhe calor para que dele brote a vida. Da mesma forma, pois, concentremos todas as nossas forças em olhar para diante, uma vez que o que agora vemos é passageiro. Estiquemo-nos pela esperança até alcançar o que não vemos, suportemos, aguentemos e, sobretudo, não olhemos para trás.

Nada há de mais oposto à esperança do que esse olhar para trás, isto é, esse pôr a nossa confiança nas coisas que escorrem e passam. A esperança induz-nos a desprezar as coisas presentes e a pôr a nossa confiança nas futuras, a esquecer-nos do que ficou para trás e a tender com todas as nossas forças para o que está adiante. Por conseguinte, devemos pô-la no que ainda não nos foi dado, mas nos será dado em algum momento, e já não passará[48].

Gostaria, agora, de passar a alguns temas concretos. Para quem se decide a pôr a sua esperança nessa vida eterna, como o senhor recomenda, qual o primeiro passo a dar?

O que Deus quer de cada um de nós é que façamos oração. Exorta-nos a fazê-lo no próprio Evangelho: *Pedi — diz — e dar-se-vos-á; procurai e encontrareis; batei e abrir-se-vos-á. Todo aquele que pede, recebe; aquele que procura, acha; e àquele que bate, se lhe abre.*

Portanto, quem quiser conseguir a vida eterna tem de fazer-se *mendigo de Deus*, porque o Evangelho recomenda *pedir, procurar, bater*. Ele conhece aqueles que se tornam seus mendigos e, como Pai de família magnânimo, rico em bens espirituais e eternos, exorta-nos assim: *pede, procura, bate*. E se o próprio Deus nos manda que lhe peçamos as coisas, por acaso negar-nos-á o que lhe pedirmos?[49]

Mas... e o provérbio popular: "Quanto mais eu rezo, mais assombração me aparece"? Há quem afirme ter desistido da vida cristã por pensar que Deus não lhe dava ouvidos.

No meio da multidão dos males deste mundo, não nos sobra outra esperança senão clamar na oração, crer e manter firme o nosso coração, não apesar, mas porque o nosso Pai não nos dá... o que não nos convém. Nós sabemos o que desejamos, mas

Ele sabe o que nos convém. Pedimos e não nos foi dado o que pedíamos? Tenhamos a tranquila certeza de que, se fosse melhor para nós, nosso Pai no-lo teria dado.

Tomemo-nos a nós mesmos por exemplo. O que são os nossos filhos com relação a nós, na sua inexperiência das coisas humanas, isso somos cada um de nós com relação a Deus, na nossa ignorância das coisas divinas. Suponhamos que o nosso filho passasse o dia inteiro chorando diante de nós para que lhe déssemos uma faca; nós nos negaríamos a dar-lha, não lha daríamos. E não nos preocupa que chore, para que não tenhamos nós de chorar por vê-lo morto. Negamos-lhe uma parte para que possa vir a desfrutar da totalidade; negamos-lhe essa coisa pequena, mas perigosa, para que possa crescer e possuir tudo sem perigo.

Agora, há dois tipos de bens, os temporais e os eternos. Os temporais são a saúde, as riquezas, as honras, os amigos, a casa, os filhos, a esposa, o marido e todas as outras coisas próprias da nossa peregrinação nesta vida. Os eternos consistem sobretudo na própria vida eterna, na incorruptibilidade e na imortalidade do corpo e da alma, na companhia dos anjos, na cidade celeste, na glória indefectível, no Pai e na Pátria: um Pai eterno e uma Pátria sem inimigos. Pois bem, peçamos estes bens eternos com toda a avidez, busquemo-los com todas as nossas forças, peçamo-los confiadamente. Estes bens sempre nos são proveitosos, nunca nos podem causar dano; os bens temporais, em contrapartida, às vezes nos são de proveito e às vezes nos fazem mal. Portanto, peçamos também estes bens temporais, mas com moderação, com a segurança de que, se não os recebemos, não os dá Quem sabe que não nos convêm[50].

É verdade que, normalmente, a gente começa a oração por pedir, o que afinal não é mais do que reconhecer a nossa situação de criaturas, dependentes em tudo de Deus.

Mesmo assim, porém, o que o senhor acaba de expor parece-me um tanto reducionista, como se fazer oração significasse primariamente pedir coisas a Deus.

A nossa oração é antes de tudo um colóquio com Deus. O que ocorre no nosso íntimo pode estar oculto aos homens, mas não a Deus. Quando oramos a Deus, quer em voz alta, quando seja necessário, quer em silêncio, o que importa é que estejamos sempre a clamar com o coração. E esse clamor do coração é um pensamento atento que exprime o grande afeto de quem ora e pede. O desejo ora sempre, embora a língua esteja muda.

Quantos há que rezam com a boca, e no entanto são mudos de coração! E, pelo contrário, quantos há cujos lábios emudecem, mas que clamam com o afeto do seu coração! Assim como os ouvidos do corpo recebem as palavras saídas dos lábios humanos, assim os ouvidos de Deus se abrem para o que diz o coração do homem. É precisamente por isso que muitos são ouvidos sem pronunciar uma só palavra, enquanto outros não o são apesar dos seus clamores estentóreos. Por isso, eu aconselharia a todos que pedissem com os afetos do coração[51].

Poderia dar-nos algum exemplo pessoal dessa oração "com os afetos do coração"?

Com um certo muxoxo de quem diz: "Mas estes senhores não deixam nada por escarafunchar", Agostinho lê-me um trecho da oração com que encabeçou os "Solilóquios":

Ouve, ouve, ouve-me, ó meu Deus, meu Pai, minha causa, minha esperança, meu tesouro, minha honra, minha casa, minha Pátria, minha saúde, minha luz e minha vida;

Ouve-me, ouve-me, ouve-me dessa maneira só tua, conhecida de tão poucos.

Já só Te amo a Ti, só Te sigo a Ti, só Te procuro a Ti, e só a Ti estou disposto a servir, porque és o único que tem o direito de mandar-me, e só a Ti desejo pertencer.

Dá-me ordens, peço-Te; sim, manda-me o que quiseres, mas cura-me e abre os meus ouvidos para que eu possa ouvir a tua voz; cura e abre os meus olhos para que possa ver as indicações da tua vontade; afasta de mim a ignorância para que Te conheça. Diz-me para onde tenho que olhar para Te ver, e confio que cumprirei fielmente tudo o que me mandes.

Recebe, Senhor clementíssimo, este fugitivo que fugiu de Ti. Recebe-me, pois já sofri bastante a serviço dos teus inimigos, que estão sob os teus pés; já não suporto mais ser joguete da mentira. E agora, agora que fujo da sua tirania, recebe-me como a um servo teu, da mesma maneira que os teus inimigos me receberam como a um hóspede, quando eu andava fugindo de Ti.

Experimento uma necessidade total de voltar a Ti; abre-me a porta, que estou batendo; ensina-me como se pode chegar a Ti. Nada tenho além da minha vontade, nem possuo mais ciência do que a convicção da necessidade de desprezar o que é caduco e passageiro para buscar o que é seguro e eterno.

Isto é o que faço, meu Pai, porque só isto é o que sei. Mas ignoro por onde se chega a Ti. Inspira-mo Tu; mostra-mo Tu; ajuda-me a percorrer o caminho.

Se Te encontram pela fé os que se refugiam em Ti, dá-me a fé; se pela virtude, dá-me a virtude; se pela ciência, dá-me a ciência. Aumenta a minha fé, fortalece a minha esperança, deixa ao rubro a minha caridade.

Que admirável e singular é a tua Bondade! Todo o meu desejo está posto em Ti, e de Ti espero conseguir os meios para secundar esta minha vontade. Se Tu me abandonas, bem perdido estou; mas Tu não abandonas ninguém, porque és o Bem supremo, e ninguém jamais Te procurou com o coração reto sem que tenha conseguido encontrar-Te.

Mas só Te buscam com reta intenção aqueles a quem concedes esta graça. Por isso, faz, ó Pai, que eu Te procure por Ti; preserva-me do erro; faz com que, ao buscar-Te, nada me saia ao encontro em vez de Ti mesmo. E, já que não desejo outra coisa senão a Ti, faz, Pai, com que Te encontre. Se há em mim algum outro desejo inútil, purifica-me dele e torna-me capaz de Te ver.

Quanto ao resto, no que se refere à saúde deste corpo mortal, como não sei de que utilidade poderá ser para mim ou para os meus seres queridos, deixo-o à tua vontade, Pai sapientíssimo e boníssimo. Limitar-me-ei a rogar-Te por ele segundo o que me inspires nas diferentes ocasiões. Somente peço à tua infinita clemência que me convertas inteiramente a Ti e arranques de mim tudo aquilo que for um obstáculo à tua graça; torna-me puro, generoso, justo, prudente, e faz com que tenha um perfeito amor e compreensão da tua sabedoria, e que seja digno de alcançar uma

morada como cidadão do teu reino bem-
-aventurado. Amém, amém[52].

E que outros conselhos daria o senhor a quem quer viver uma vida cristã?

Dir-lhe-ia:

Seja o teu Salvador o único fim dos teus desejos, porque não foste criado para ficar na terra, mas para conquistar o céu: o teu destino não é a felicidade terrena, mas a celestial; não é colher triunfos passageiros nem te contentares com uma alegria incerta e efêmera, mas desfrutares da vida eterna na companhia dos anjos.

Aproxima-te de Cristo; Ele é o teu fim; todo o resto não é mais que caminho. A qualquer outro lugar a que chegues, passa adiante até que chegues à meta. Uniste-te a Deus? Terminaste o caminho; descansarás na Pátria.

Desejas riquezas? Não as convertas no fim último; passa ao largo como peregrino.

Procura caminho para avançar, não morada para te deteres. Porque se te agrada o dinheiro, cairás nos laços da avareza; e a avareza será como uma corrente enredada nos teus pés, que te impedirá o avanço. Segue adiante, aspira ao fim.

Anseias pela saúde temporal? Nem mesmo por isso deves deter-te. A saúde é frágil, transitória e mortal, debilitada continuamente pelas doenças, e termina com a morte. Não te digo que não a desejes, porque um estado doentio pode ser obstáculo para o cumprimento dos teus deveres; mas não é ela o fim, porque é desejada por outra coisa. E quando uma coisa se ordena para outra, não é ela o fim: o fim é o que se deseja por si mesmo e não se ordena para outra coisa.

Aspiras a altos cargos? Talvez os procures com a intenção de realizar alguma obra boa ou para levar a cabo algum empreendimento a serviço de Deus: não ames, no entanto, a honra pela honra, para que não te detenhas nela.

Procuras louvores? Se são para Deus, o teu desejo é ótimo; se são para ti, é mau; estás detendo-te na viagem. Mas supõe que os outros te queiram e te louvem; não te alegres por isso, seja o teu orgulho o Senhor para que cantes: *Minha alma se engrandece no Senhor*. Pronunciaste um eloquente discurso e por isso és louvado? Que não seja louvado como teu, porque não está nisso o fim. Portanto, não refiras os aplausos às tuas palavras como se fossem tuas, antes diz com o Profeta: *Louvo em Deus o discurso; em Deus confio e não temo o que possa fazer-me um mortal*[53].

Por fim, a título de resumo do que estivemos falando: como têm sido — por dentro, digo — os longos anos decorridos desde que o senhor se fez cristão?

Agostinho balança a cabeça, como a pesar a resposta. Começa a falar lentamente, em voz baixa; a princípio, parece que vai perder-se em considerações gerais, mas logo retorna aos seus anseios pessoais.

Há num dos Salmos umas palavras: *Como o cervo deseja as fontes das águas, assim te deseja a minha alma, ó Senhor*. Quem as diz? Nós, qualquer um de nós, se o quisermos. Não se encontra este desejo em todos os que entram na Igreja; mas aqueles que buscam a suavidade do Senhor e compreendem o conteúdo dessas palavras, não pensem que estão sós. Desejem, desejemos essa fonte, da qual nos diz outro Salmo: *Em ti está a fonte da vida*. E essa fonte é luz, porque *na tua luz veremos a luz*.

Em Deus está a fonte da vida, a fonte perene, e na sua luz encontraremos a luz que não escurece. Desejamos essa luz, essa fonte, que os nossos olhos não conhecem; é o olho interior que se apressa a ver essas coisas, a sede interior que se inflama para beber dessa fonte. E corremos para a fonte, desejamos a fonte. Deus tem com que refrigerar e saciar aquele que se aproxima dEle como cervo veloz.

E de que tenho sede? *Quando irei e aparecerei diante da presença de Deus?* A sede que tenho é de ir ver o rosto do Senhor. Sinto sede nesta peregrinação, sinto sede no caminho, mas só serei saciado ao chegar. Mas... *quando chegarei?* Quanto mais perto estou de Deus, mais demora o cumprimento deste meu desejo.

Entretanto, enquanto pondero, enquanto corro, enquanto estou a caminho até chegar e aparecer na presença do Senhor, *as minhas lágrimas são o meu pão dia e noite, porque me dizem todos os dias: Onde está o teu Deus?* Essas lágrimas deleitam-me, são o meu pão, porque, tendo sede dessa fonte, como ainda não posso beber dela, bebo pelo menos as minhas lágrimas com avidez. Persistindo essa sede pela qual ardo, pela qual sou arrastado para a fonte das águas, as lágrimas transformam-se no meu alimento enquanto ainda sou retido. Nas coisas prósperas deste mundo e nas adversas, eu derramo as lágrimas do meu desejo, não perco a avidez do meu desejo. E quando a felicidade deste mundo me sorri, não consigo esquecer-me de que, enquanto vivo no corpo, estou apenas caminhando para Deus, e todas as coisas não fazem mais do que dizer-me: *Onde está o teu Deus?*

Porque ouço todos os dias essas palavras: *Onde está o teu Deus?*, busco também eu o meu Deus para poder não apenas crer, mas também, ao menos em parte, *ver*. Com efeito, vejo aquilo que o meu Deus fez, mas não vejo o meu Deus que fez essas coisas. Que farei para encontrar o meu Deus?

Considerarei a terra: a terra foi criada. Extraordinária é a sua beleza, mas tem o seu Artífice. Impressionantes são as maravilhas das sementes e de todos os seres a que dão origem, mas todas têm o seu Criador. Contemplo a amplidão do dilatado mar: sinto-me aturdido e maravilhado, mas busco Aquele que o fez. Olho para o céu e vejo a beleza das estrelas; contemplo o esplendor do sol a exercer o senhorio do dia e observo a lua a temperar a escuridão da noite: são coisas maravilhosas, são dignas de louvor e admiração..., mas não está nelas o anelo da minha sede. Admiro-as, louvo-as, mas sinto sede dAquele que as fez.

Entro então no meu íntimo e pergunto quem sou eu que observo essas coisas. Vejo que tenho corpo e alma: esta deve mandar, aquele obedecer. Percebo que a minha alma é muito melhor do que o meu corpo, e que o próprio investigador de todas essas coisas exteriores não é o corpo, mas a alma, embora também saiba que examinei todas essas coisas pelo corpo.

Observe-se então a alma a si mesma, e veja se existe algo que não perceba pelos olhos, como as cores e a luz, nem pelos ouvidos, como o canto e o ruído, nem por nenhum dos sentidos, mas apenas no seu interior. Que significa que perceba no seu interior? Que veja o que não é cor, nem som, nem odor, nem sabor, nem calor, nem frio, nem dureza, nem suavidade. Diga-me alguém que cor tem a sabedoria;

e, quando pensamos na justiça e nos alegramos interiormente, pelo pensamento, com a sua formosura, que ouvimos? Portanto, há algo que a alma, senhora, reitora, habitante do corpo, vê, mas não percebe pelos sentidos do corpo e sim por si mesma, e melhor por si mesma do que por intermédio do seu servidor, o corpo.

Então o meu Deus será alguma coisa semelhante à minha alma? Certamente Deus não pode ser visto senão por meio da alma, mas não pode ser visto como vemos a nossa alma. Porque a alma busca em Deus uma realidade imutável, uma substância perfeitíssima. E a própria alma não é assim, porque progride e decai, conhece e ignora, lembra-se e esquece, hoje quer e amanhã não quer. Essa mudança não se dá em Deus.

Busco, portanto, o meu Deus nas coisas visíveis e corpóreas e não o encontro; busco a sua substância em mim mesmo, como se fosse similar àquilo que eu sou, e também aqui não o encontro. Percebo então que o meu Deus está acima da minha alma. Até agora, *meditei essas coisas e derramei a minha alma em mim mesmo*. Quando é que a minha alma poderá conhecer o que está acima dela, senão quando se projeta acima de si mesma? Porque esta é a Morada do meu Deus: acima da minha alma; é ali que mora, é dali que me guarda, é a partir dali que me criou, é de lá que me governa, de lá me aconselha, de lá me solicita, de lá me chama, de lá me dirige, de lá me guia no caminho, de lá me conduz ao termo do caminho.

Mas Aquele que tem uma Morada sublime e secreta, tem também na terra um tabernáculo, uma tenda. A sua tenda terrena é a Igreja, e, embora ainda peregrina, é nela que devemos buscá-lo; porque é nessa tenda que se encontra o caminho graças ao qual se chega até à sua Morada. *Entrarei no lugar do admirável tabernáculo até à morada de Deus*. Essa tenda de Deus na terra são os homens fiéis, porque não reina neles o pecado e já não obedecem aos seus desejos;

e contemplo ali também a alma que obedece a Deus, ordenando para Ele os seus atos. Mas, embora admire no tabernáculo as virtudes da alma, tenho consciência de que é ainda apenas um lugar de peregrinação, uma parte do caminho.

E, enquanto eu admirava as partes do tabernáculo, fui conduzido para a Morada de Deus, arrastado por uma misteriosa doçura, por não sei que escondido e íntimo deleite, como se na Morada de Deus ressoasse suavemente um órgão. Enquanto ainda caminhava na tenda, ouvindo esse som interior, conduzido pela sua doçura, afastando de mim todos os rumores da carne e do sangue, cheguei enfim à Morada de Deus.

Na Morada de Deus, a festa é eterna: não se celebra ali algo transitório e que passa. O coro dos anjos celebra uma festa eterna diante da face de Deus, com uma alegria que nunca diminui. Ali, o dia de festa não tem início nem fim. Quando se calam os ruídos do mundo, os ouvidos do nosso coração percebem uma música suave que provém dessa eterna e perpétua Morada. E esse som cativa aquele que ainda caminha nesse tabernáculo, que considera as maravilhas realizadas por Deus na Redenção dos fiéis, e arrebata o cervo para as fontes das águas...

Agostinho detém-se, comovido. Uma leve sombra parece perpassar-lhe sobre o rosto quando retoma, e a voz faz-se impregnada de dor esperançosa:

Mas depois... o corpo corruptível pesa sobre a alma e a nossa morada terrena deprime o nosso espírito, que pensa em muitas coisas. Embora, afugentadas por uns momentos as névoas e caminhando pelo desejo, nos esforcemos por conseguir ao menos um vislumbre da Morada de Deus, no entanto, pelo peso da nossa fraqueza, voltamos a cair nas coisas do costume e deslizamos novamente para a vida rotineira.

Com efeito, este cervo que se nutre dia e noite das suas lágrimas, arrebatado pelo desejo que o empurra para as fontes das águas, isto é, pela doçura interior de Deus, derramando sobre si a sua alma para chegar ao que está acima dela, caminhando pelo admirável tabernáculo rumo à Morada de Deus, guiado pela alegria do som íntimo e inteligível a ponto de desprezar as coisas exteriores e sentir-se arrebatado pelas interiores... ainda é um homem, ainda geme, ainda carrega a sua carne frágil, ainda corre perigo no meio dos escândalos deste mundo.

Agora, esse homem olha para si mesmo e, lembrando-se de onde vem, colocado entre as coisas da terra que compara àquelas outras que só por um momento chegou a vislumbrar, diz a si mesmo: *"Por que estás triste, ó minha alma, por que me perturbas?* Não estamos alegres tu e eu, porque com o olhar interior chegamos a contemplar algo imutável, embora tenha sido apenas por uns instantes e como de passagem? Por que ainda estás triste? Já não duvidas do teu Deus, já tens o que responder aos que te gritam: *Onde está o teu Deus?"*

E a alma desse homem, respondendo-lhe no silêncio, diz: "Por que te perturbo?

Porque ainda não estou lá onde nasce aquela doçura, que só pude vislumbrar momentaneamente e de passagem. Será que já estou bebendo naquela fonte, livre de todo o temor? Será que já não temo nenhum escândalo? Será que já estou segura de todos os meus desejos, como se já os tivesse vencido e domado todos? Será que o demônio, meu inimigo, já não me espreita mais? Não me estende todos os dias os laços da mentira? Não queres que te perturbe enquanto ainda estou neste mundo, exilada da Morada do meu Deus?"

E aquele que é perturbado por essa alma terá de responder-lhe: *"Espera em Deus... Enquanto lá não chegares, vive de esperança"*. Porque a esperança do que se vê não é esperança; e se esperamos o que não vemos, somos capazes de suportar com paciência a espera[54]...

Calou-se. Calamo-nos. Olhamos pela janela. Caía a noite. Parecia-me ouvir soar ao longe uma música suave de festa...

NOTAS

(1) Cf. T.S.Eliot, *Que é um clássico?*, em *De poesia e poetas*, Brasiliense, 1991, p. 95; (2) Santo Agostinho, *As confissões*, Quadrante, São Paulo, 1989, pp. 44, 36, 84-85, 114-115. Todos os textos das *Confissões* citam-se por esta edição, abreviada para *Conf.*, e pelo número da página; os que se extraíram de outras obras foram traduzidos a partir do texto latino da edição das *Obras completas de Santo Agostinho*, Biblioteca de Autores Cristianos, Salamanca, e cotejados ora com a versão italiana que de alguns deles apresenta Agostino Trapé, *Santo Agostino: l'uomo, il pastore, il mistico*, 5a. ed., Ed. Esperienze, 1987, ora com a versão espanhola da própria BAC, e citam-se conforme as abreviaturas tradicionais; (3) *Conf.*, pp. 124-125, 127, 120; (4) *Conf.*, pp. 94, 110-111, 114-115, 145-147; (5) *Conf.*, pp. 145-149; (6) *Enarr. in Ps.* 75, 3-4; (7) *Enarr. in Ps.* 31; *Serm.* 2, 16; (8) *Serm.* 86, 8; (9) *Serm.* 125, 4-5; *Ep.* 138, 1, 5; (10) *Serm.* 50, 7; *De civ. Dei* 12, 8; (11) *De civ. Dei* 12, 7; (12) *In Io. Ev. tr.* 43, 7; (13) *Serm.* 125, 2, 17, 5 e 142, 2-4; (14) *Enarr. in Ps.* 58, II, 5; *In. Io. Ev. tr.* 25, 16; (15) *Enarr. in Ps.* 112, 1; (16) *In. Io. Ev. tr.* 25, 16; *Serm.* 124, 3; *Serm.* 160, 4; *Serm.* 117, 17; (17) *Serm.* 160, 4; (18) *Enarr. In Ps.* 109, 20; (19) *Conf.*, p. 121; *Serm.* 175, 1; *Serm.* 174, 2; *Serm.* 174, 1; *Serm.* 142, 2;

(20) *Serm*. 188, 2; (21) *Serm*. 43, 1.4.; (22) *Enarr. in Ps*. 31, II, 3-4; (23) *Enarr. in Ps*. 31, II, 4; (24) *Enarr. in Ps*. 26, 3, 13; (25) *Contra ep. fund*. 2-3; (26) *In Io. Ev. tr*. 41, 9.10.13; (27) *De spiritu et litt*. 30, 52; (28) Virgílio, *Églogas* 2; (29) *In Io. Ev. tr*. 26, 4-5; (30) *Serm*. 87, 13-14; *Serm*. 26, 10; (31) *De Trin*. 4, 1, 2; *In Io. Ev. tr*. 26, 10; *Serm*. 196, 4; *Serm*. 284, 6; *Serm*. 136, 6; *Enarr. in Ps*. 40, 6; (32) *Serm*. 96, 4-9; *Enarr. in Ps*. 96, 20; (33) *Serm*. 70, 2-3; (34) *Enarr. in Ps*. 59, 8; (35) *De Trin*. 8, 7, 10; *De fide et symb*. 9, 19; *De div. qq*. 83, q. 345, 2; *In Ep. Io. tr*. 2, 14; *In Io. Ev. tr*. 19, 11; (36) *Enarr. in ps*. 49, 2; (37) *In Ep. Io. tr*. 2, 8-14; *Serm*. 125, 7; (38) *Serm*. 345, 1; *Enarr. in ps*. 85, 11; *In. Io. Ev. tr*. 32, 8; *Serm*. 125, 7; *Serm*. 96, 4; *Serm*. 284, 5; (39) *De dono persev*. 6, 12; (40) *Serm*. 125, 11; (41) *De natura et gratia* 70, 84; *Serm* 159, 2-8; (42) *In Io. Ev. tr*. 87, 1; (43) *Ep*. 155, 4, 13; *Ep*. 167, 15; (44) *Ep*. 109, 2; *Serm* 169, 15-18; *Serm* 34, 7; (45) *Enarr. in Ps*. 55, 17; (46) *Serm*. 306, 3-4, 7-9; (47) *Serm*. 306, 3-4, 7-9; (48) *Serm*. 105, 7-8; *Serm*. 96, 4; *Serm*. 284, 5; (49) *Enarr. in Ps*. 53, 4; (50) *Serm*. 80, 2-7; (51) *Enarr. in Ps*. 85, 7; *Enarr. in Ps*. 118, 29, 1; *Serm*. 80, 7; *Enarr. in Ps*. 119, 9; (52) *Sol*. 1, 1; (53) *In Ep. Io. tr*. 10, 5; (54) *Enarr. in ps*. 41, 7-10.

Direção geral
Renata Ferlin Sugai

Direção editorial
Hugo Langone

Produção editorial
Juliana Amato
Gabriela Haeitmann
Ronaldo Vasconcelos
Roberto Martins

Capa
Gabriela Haeitmann

Diagramação
Sérgio Ramalho

ESTE LIVRO ACABOU DE SE IMPRIMIR
A 29 DE ABRIL DE 2024,
EM PAPEL OFFSET 75 g/m^2.